U0106417

ALANIS · 40th ANNIV ·

譚詠麟走過的

銀河歲月

40th
ANNIVERSARY

藝能製作——策劃　譚詠麟——口述　蘇美智——著

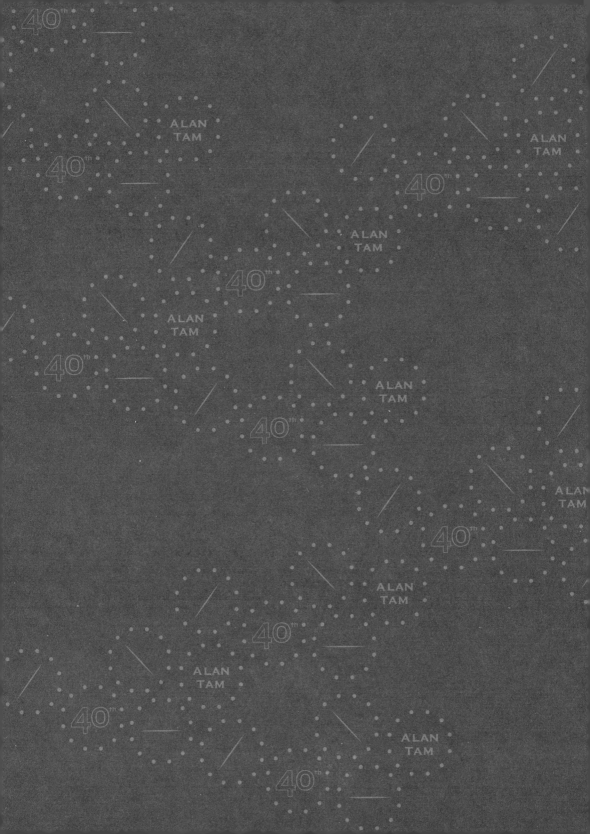

序言

序一——陳秋霞

曾經不只一次為好朋友的新書寫序，有藝術界的，也有財經界的相關作品，但自己是演藝界出身，為演藝界朋友寫序，一定要慎重其事，所以我選擇用親筆手稿的形式，以表示對作者的尊敬，而這份感覺是簡樸真實的。

先說說我和 Alan 第一次見面的那一幕：（好像在拍電影讀劇本）場地在北角一間酒樓（傳統式吃推車叉燒包的那一種）。前經理人 Pato 帶我見當時已是天王級的樂隊溫拿五虎，飄飄然的感覺當然是每一位十七歲的女孩子都會有的。我當時並沒有被他們那吃二十一隻叉燒包的驚人食量嚇到，印象最深的反而是飯後 Alan 親自送我到碼頭，叮囑我路上小心；他就像電影裡一位哥哥照顧妹妹那麼親切，對他來說，這可能只是微不足道的事，

但這麼多年來，我一直將這份感激藏
在心裡。

音樂和電影上的合作將我們的距離
拉近。如果他在書中提及到拍戲時曾
經睡在垃圾堆中的長椅上，那旁邊另
一張長椅上躺着的就是我。當時我們
趁打燈光的幾分鐘，冒着隨時被垃
圾淹死的危險，只為爭取片刻閉上眼睛
休息的機會。如果他又提及在天寒地凍
赤着腳走過萬里長城，而被他形容為
"腳踏歷史的時刻"，那陪伴他直至我
們咀唇發黑的也是我，種種的點點
滴滴，我都不曾忘記。

每個人的命運與遭遇都不一樣，我選擇
離開而他永遠謹守崗位，我的演藝
生涯只有短短七年，近年毛將藝術創作
投放於書法及水墨畫上。雖然偶爾也
會寫歌，但比起 Alan 一生一世對音樂

和擁護他的朋友的承諾，我簡直像個在音樂門檻外觀看的 "路人甲" ！

他告訴我今年是他入行四十年紀念，怎麼會？我算算自己從七四年第一張唱片發行到現在，我才是四十年才對呀！

Alan 計算年份總有自己一套，這當然包括所有人已認同的 "年年廿五歲" 之妙論。或者可以這樣說，我的演藝事業是睡火山，而他卻像座活火山一樣，噴發出生命之火，永遠為我們燃燒着。

秋霞 2014

序二——林子祥

what can we say about Alan!
I guess the best way is to let him
do all the talking. Because he sure
talks a lot. And he eats a lot too!
But all we have to do is to be
around him and everyone will be
contaminated by his energy and
happiness.
He is good medicine, and may he
keep talking, and eating, and
healing all of us forever!

sincerely

Sam

目錄

I 歲月定格

36 執到金一刻：一切由代班開始

54 迷惘一刻：沉默的保齡球場

72 停機一刻：雞同鴨講的台灣歲月

88 拼命時刻：在港台飯堂磨爛蓆

102 激動一刻：宣佈不拿獎

114 細細聲一刻：大球場演唱會

132 訓話時刻：校長之所以為校長

146 一刻都唔好畀佢停：左麟右李

160 譚詠麟的八十歲後……

170 整蠱時刻

II 他們和譚詠麟的
那時那刻

附錄

178 粵語流行曲熱潮的奠定者——張文新

184 他是注定要當上巨星的——關維麟

189 笑看人生留給校長——張國忠

195 我們都是感性男人——陳可辛

199 天生 Show Man ——鄭裕玲

202 我當上影帝他比我高興——曾志偉

207 我的「大婆」譚詠麟——陳百祥

212 笑佛、大娛樂家、人生學者——劉德華

215 真心豁達的 A 貨老豆——李克勤

222 藏在心中多年的一件小事——陳慧嫻

226 我怕他、也愛觀察他——關楚耀

232 唱片概覽

242 演唱會概覽

248 電影概覽

252 獎項及榮譽概覽

257 時刻影像

當初踩上腳踏時，沒想太多⋯⋯

少年十六不愛拍照……

後來卻一直活在鏡頭下……

嘴邊常掛著「船到橋頭自然直」這話⋯⋯

然後一晃眼四十年……

IV · ALAN · ISAO · HANNA IV

I

歲月定格

從人生中八個重要時刻，
講述一個由「哨牙倫」、「風火倫」、「金馬倫」、「幸運倫」⋯⋯
到「譚校長」的故事。

執到金一刻：
一切由代班開始

我們把時鐘撥到一九六六年，那時北角健康村有一個中學生瘋狂地愛上 band sound。他愛的方式單純直接：「一味死跟」。每逢周末，他都像上班似的神心，追著一隊叫 Data Four 的樂隊團團轉，練歌時癡癡地看，比賽時落力打氣，只要能留在場邊幫忙搬東搬西，聽聽音樂偶爾摸摸結他，已經是最大的幸福。那年頭，像他這樣的小弟還真不少，但他有點不一樣——只要逮到機會，他便抓著米高峰試唱。某日一位樂隊成員終於留意到他，丟下一句：「咦？能唱的呢！」

距離音樂比賽只剩兩星期，主音兼結他手突然宣佈舉家移民三藩市，不唱了。樂隊一片愁雲慘霧。不知由誰開始，大家的目光陸續聚焦到還在場邊愕著的小子身上，能唱的呢⋯⋯

「幾開心，無端端執到金！」從那一刻開始，譚詠麟一唱半個世紀。

「那時大家不過賭一把,而我也不知道自己是否真的能唱。我最多在廁所裡唱。」能夠當上主音,而且與喜歡的樂隊一起上台,他喜出望外。他以「代班」自居,連想都沒想過會入圍決賽。終於輪到 Data Four,譚詠麟第一次站在觀眾面前獻唱,他緊張兮兮,全程合上眼睛,一曲唱盡也沒敢朝台下望。他唱的是 *House of the Rising Sun*,原本是黑人民謠,那些年由 The Animals 用搖滾曲式翻唱,音域扯得很高,六段歌詞段段不同,半點不容易。但他們竟然奪得第二名,評判還是當時得令的泰迪羅賓。譚詠麟記得,自己生平第一個音樂獎是一支小錦旗,上面寫著「西區贊育醫院歌唱比賽」。

一個暑假八場比賽

今日看來,這比賽的名堂令人好生奇怪,但在那個有點遙遠的年代,民歌和英文歌曲的潮流剛剛在香港冒起,各種名堂的歌唱比賽比比皆是。就在這種氣氛的推動下,小子膽大心雄,在一個暑假內跟不同班底合組八隊樂隊,分別參加八場比賽。其中一隊組合叫 Galaxy,裡頭有一個今日我們都認識的名字。「他只懂彈 chord,solo 很差勁,沒甚麼天分,只是讀書出色而已。」說著,譚詠麟笑得有點壞:「但重點是,他是當時唯一買得起keyboard 的人,住的地方也大,即使樂隊拼命打鼓,也不會神憎鬼厭惹人投訴,所以他很受歡迎⋯⋯哈哈哈。」這 band 友叫湯家驊,後來的大律師兼立法會議員。

LOOSERS WIN FESTIVAL

當年有許許多多的音樂比賽

THE Loosers

Mr. Alan Tam And His Band

Loosers 樂隊成員，從左到右：（第一行）彭健新，譚詠麟，葉智強；
（第二行）陳友，陳百祥，陳百燊。

Galaxy 參加比賽，得到的也是亞軍。譚詠麟説，他們的呼聲很高，那勢頭根本冠軍在望，可惜臨門一腳，他竟然忘記歌詞。説罷他逕自笑彎腰，「我這人非常堅持，從一開始已經忘記歌詞了！」比賽當日，他的第一段唱出水準，可是中途耍帥把 Tambourine（手鼓）拋到半空，卻竟然接不回，還連同就在嘴邊的歌詞一併掉到地上。第二段開始時，他的腦裡一片空白。「唯有亂唱，想到甚麼便唱甚麼，之後差不多都唱中文。」那首歌叫 *Special Delivery*，是如假包換的英文歌。

那次忘記歌詞情有可原，因為他在比賽前兩天，方才從電台節目抄到新歌。這些年輕人樂隊得到英文歌詞的途徑非常「土炮」，雖然有一本叫 *OK Hits* 的小書定期刊出最新歐美流行曲的歌詞，但哪個 band 友有耐性等到新歌變舊才拿出來唱？他們一個個趴在收音機旁，把新鮮滾熱辣的歌詞邊聽邊抄。譚詠麟在筲箕灣官立中學唸書，是大家眼中的「番書仔」，自然肩負起抄歌詞的重任。他每日長開電台節目，無論做甚麼都豎起耳朵，甫聽到喜歡的歐美新歌便飛撲過去。一次抄不完，便等待下回重播時再抄。後來有錄音機錄下來重聽，工序簡化了，但歌曲錄音中難免夾雜種種報時訊號、新聞報道和廣告插播，歌詞得來不易。

歌詞藏著的秘密

有這樣一個小故事：譚詠麟用心抄完一首新歌，Loosers（當時他加入的樂隊）也把新歌整整唱了一個月，然後 *OK Hits* 才施施然出版。某日隊員

葉智強（阿強）在 band 房磨蹭，心血來潮拿譚詠麟的手抄本跟小書對照。不對還好，一對之下，竟然翻出天大秘密──手抄本除了歌名外，沒有一個英文字是對的！

這不是譚詠麟告訴我們的，它是另一個 Loosers 成員彭健新（健仔）的「無私分享」：「我們全部笑到碌地，一起指著他恥笑，要他自己來看！那時大家的英文水平都不高，從來沒有人敢挑戰他的英文，只道聽起來像樣便是，更何況他總是唱得那樣認真。」那麼演唱的時候，觀眾也沒發現嗎？「早年我們的音響沒好到哪裡去，音樂比歌聲大，根本聽不清楚歌詞。」

「原來，他是詩人和填詞家，而且在一九六幾年已經會填英文歌詞了……」彭健新好不容易終於止住笑聲：「那以後他再不敢『填詞』，寧願乖乖等歌書到手才唱。」

一個暑假的密集比賽後，譚詠麟結束打遊擊生涯，正式加入成為 Loosers 一員，與彭健新、陳友、葉智強，以及陳百祥（阿叻）和陳百燊兩兄弟搭檔。而這個組合，差不多便是後來溫拿樂隊的雛型了。不用上學的時候，他們一大早便去 band 房集合──那是不足一百呎的小房間，擺滿樂器後，大家差不多要站出門外。可是年輕人哪裡會在意，只知道一直練一直練，兩餐都在那裡解決。

跨過「菠蘿」練歌去！

Loosers 成員住得近，跟銅鑼灣電氣道的 band 房最多相隔一條街，只有譚詠麟要坐電車。但著急的時候，他乾脆用跑的。陳友説：「他真的很有精力，我們常常見到一個哨牙仔蹦蹦蹦的喘著氣跑過來，只花半句鐘。」在動盪的一九六七年，譚詠麟家住的北角正正處於風暴核心，但甚麼都叫不停這個年輕人的熱情──即使或真或假的「土製菠蘿」（炸彈）。「那時媽媽其實不讓我外出，只差沒拿掃帚打我。一封路便複雜，要花上三、四小時，但一解封我就跑，排除萬難都要去練歌。」譚詠麟説：「所以你説我多喜歡音樂。」

那是他們人生中最快樂的日子。「無憂無慮，甚麼都不用理會，只知道音樂。樂隊生活是一班人『柴娃娃』唱呀叫呀玩呀捉弄人，每次離開都依依不捨──但幾個小時之後又見面了。」雖然譚詠麟口裡説「柴娃娃」，但那些排練倒也認真紮實。每逢新歌到，他們便各自就位徹夜排練──沒人迫的，他們只是急不及待。葉智強説：「要是每晚彈舊歌的話會悶，我們喜歡不停學新東西，想彈好新歌，還要跟原裝版本彈得一模一樣。每晚表演完畢便留在酒吧練習，誰熬不住最多打一會瞌睡，其他人繼續，總之練到天亮。翌日表演時彈得好，人家讚賞厲害，我們便開心。」譚詠麟的音域跨度闊，便是那時練出來的真功夫。

但打瞌睡往往是危險的，葉智強記得，「一睡著便有人惡作劇，甚麼都有：

滴蠟、塞鼻孔、畫唇、藏起鞋子⋯⋯所以千萬不要睡著。」年少輕狂，他們壞事不做，但調皮事卻有不少。

一回在酒吧通宵排練，有人不知從哪兒搬出一瓶重甸甸的醃製櫻桃。大家無無聊聊邊彈邊吃，待再留神時，櫻桃已經消失了大半。譚詠麟憶述，Loosers 六子的解決方法是把櫻桃核通通塞回瓶裡去，這裡弄弄那裡弄弄，想盡辦法墊高一點蒙混過關。

另一回，陳友新近搬家，家裡缺傢俬，做兄弟的當然落力幫忙。怎樣幫？他們相中酒吧裡由酒桶改裝而成的枱凳，在一個通宵排練的晚上，「夾手夾腳」搬走一套。那些酒桶可是灌了水泥的，搬的時候經過一番大大的折騰。後來有被發現嗎？譚詠麟說：「我也很疑惑為甚麼沒被發現，人家會數的嘛！可能是那些人壓根兒沒想過，有人笨得連這樣重的東西都要搬走。」還是葉智強記得比較清楚：原來那家酒吧快結業，也就不太在意那些枱凳。

「其實幾離譜。」譚詠麟為當年的自己下這個註腳，但笑容裡分明是回味和歡樂。

「好癲好開心」的日子過得特別快。譚詠麟號稱主修流行音樂，最初白天上學，放學練歌；後來即使日間變成滿街跑的推銷員，下班後的音樂一樣不曾止息。而 Loosers 也漸漸唱出名堂，常常獲邀到私人派對和酒吧等

BEACH FEST HEAT TONIGHT

● LOOSERS' singers in action.

"LOOSERS"

WINNING LOOSERS

海灘流行音樂節得獎合照

場地表演。最初只有一百元出場費，裡頭已包括租車和搬運費；擴音器等昂貴器材，都是問人借來湊合著用的。他們愈唱愈好，出場費提高到一百五十、二百、三百元……「我們覺得自己好厲害，因為一般上班族月薪都不夠三百元。賺到錢，便用來買樂器。」

海灘上的搖滾

一九七〇年，Loosers 參加海灘流行音樂節。那是一場重要賽事，因為冠軍獎品包括在電視音樂節目亮相三個月、唱片公司合約，以及成為當時一間頂級會所的駐場歌手。從初賽開始，他們一關接一關地打下去，與其餘十多隊晉身決賽階段。那些組合裡，有職業的也有業餘的，有華人、菲律賓人，也有白種人，泰迪羅賓再次位列評判席。決賽在淺水灣進行，從早上開始，每隊玩六首歌共半小時，一直唱呀唱唱到黃昏。譚詠麟記得自己非常賣力，聲嘶力竭地喊唱。

最後 Loosers 奪得全場冠軍，譚詠麟終於擺脫「二奶命格」。「那時沒想過那麼『巴閉』，整頁的登上報紙頭條，還是《英文星報》（已停刊）和《星島》那些。」

比賽後，是連串開眼經驗。Loosers 首次跳進電視熒幕，與蓮花樂隊（許冠傑等）和花花公子（泰迪羅賓等）這些著名樂隊一同演出。三個月後，他們再飛到日本沖繩參加 Moon Festival 音樂節，海灘上是五萬名來度假

的海軍，他們很多都在軍裝短髮繫上長長的假髮和辮子，身上穿得花花綠綠；電單車一批接一批駛過，沿路抽頭狂嘯；來自五湖四海的樂隊輪流上台，輸出一連三日天天二十小時的音樂；音樂愈吵耳，海軍的情緒愈高漲。現場激動到頂點，可是月光靜謐依然，倒影柔柔撒上海灘，要多美有多美。

「我當自己身在胡士托。那種氣氛，我一輩子都會記住。如果有機會，真想再來一次！」

曲終人散？

然後高潮退去。

然後譚詠麟一個人離開樂隊，到新加坡升學。

然後 Loosers 解散。

曲終，人散。

為甚麼為甚麼為甚麼？

「因為要考入學試。」

那時真的打算就這樣結束音樂生命了嗎？

「是的，我告訴自己可以繼續唱歌，只是不再在台上。」

剛剛才見識過激動人心的音樂力量，這時要走不是很難嗎？

「不難。老爸常常教我，男人要揹得起一個家。有甚麼方法揹得起？音樂當然做不到，唯有讀書。這是一早已經定下來的事情，無論眼前多刺激多

LOOSERS.

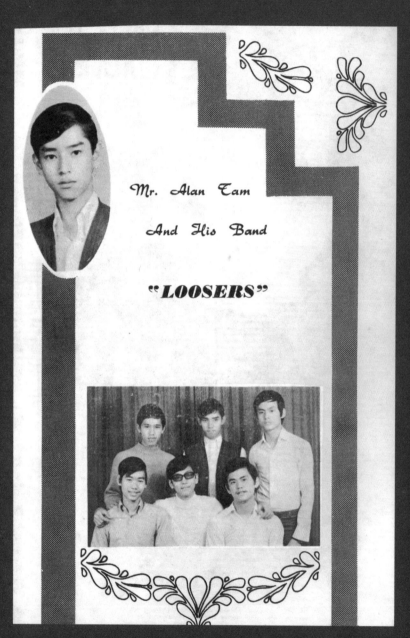

Mr. Alan Tam

And His Band

"LOOSERS"

麼多姿采,現實歸現實,有些東西必然要放棄。」

有為這個決定哭過嗎?

「沒哭過。」

這甚至不是他個人的看法而已。雖然樂隊生活令人瘋狂地快樂,可是Loosers 裡沒有一個人認真想過要把唱歌當成終身職業。他們最宏大的理想是儲夠錢開雲吞麵食店,覺得這才是男人的「腳踏實地」。他們甚至會一起鄙視那些二十多歲還在打 band 的「老鬼」,笑他們老,不跟他們玩。「以前覺得三十歲前一定要退休,三十歲後還在唱?一定很淒涼!」

半個世紀後的譚詠麟説到這裡,嘿嘿地笑了:「幸好我現在才二十五歲,還有很多時間玩。」

譚爸爸：
飛仔才夾 Band ！

贏了沙灘音樂節翌日，譚詠麟的爸爸打開報紙，才第一次知道兒子把音樂玩得這麼大。「他一直以為我的音樂只是『課外活動』，覺得夾 band 是『飛仔』做的事情。陳百祥更是我妹妹心目中的壞人，她曾經告訴我，此人拿斧頭上學，別跟他做朋友！而他真的帶過斧頭上學去嚇唬同學……嘿嘿！」

「夾 band 是飛仔」的前設，加上自己的樂隊本來就有飛仔模樣的 band 友，難免教人欲辯無從。為了不讓爸爸知道，譚詠麟每次都用布包裹手鼓，塞進膠袋再無聲無息地放入床底，表演的歌衫則帶著出門，三更半夜在屋村後樓梯更換。當然，脫褲子的動作尤其要快，畢竟街坊多。

原來在樂隊這麼多年，他一直偷偷摸摸。假若被老爸發現了，會怎樣？「他會不高興，我不想逆他意。他一直是我心中的英雄。」外號「譚銅頭」的譚

江柏是一代球王，在一九三〇年代更是中華民國國家代表隊成員。

雖然奪得冠軍那年，譚詠麟已經差不多二十歲，但眼看秘密一下子被揭穿，心裡還是怯。

「呀，你去參加比賽？」譚爸爸翻著報紙說：「總之不要沉迷，不要放太多時間，注意學業。」竟然沒罵耶，那麼眼神裡可有一絲嘉許？「不覺得啊……但其實我都不敢望。」譚詠麟說。

很多年後，譚爸爸成為兒子的忠實粉絲，凡他的碟都買，凡他的演唱會都到。《愛在深秋》、《忘不了您》、《遲來的春天》……這許許多多首本名曲，譚爸爸全部懂得唱，後來年紀漸長實在唱不了，便吹哨子哼出來。

那是後話了。

迷惘一刻：
沉默的保齡球場

一九七九年，紅極一時的溫拿樂隊來到第六個年頭。年初鍾鎮濤（阿B）過台灣拍電影《小城故事》，剩下來的除彭健新不愛打保齡外，譚詠麟、陳友和葉智強三人，每朝十一時半齊集南華會開波，一直到半夜。「因為溫拿有團隊精神，要麼一起做，要麼一起不做，一心等阿B拍完戲回來（開工）。」開始時氣氛歡騰，相較前幾年的東奔西跑，這假期簡直難能可貴！但日復日過去，然後月復月過去，大家漸趨沉默。保齡球依然朝著球道盡處那十個樽跑，可是球場上瀰漫著一片詭異氣氛。

譚詠麟最記得每日道別一刻，大家眼神裡的迷惘。沒有人願意說出來的那句話是：明天，也都一樣嗎？

在第二十五屆十大中文金曲「金曲銀禧榮譽大獎」特刊上，有二十五個叱咤本地樂壇的名字，當中一個是溫拿樂隊——

「溫拿樂隊在一九七三年由譚詠麟、鍾鎮濤、彭健新、葉智強及陳友組成，早期主要演唱歐西流行歌曲。由於五位成員各具風格、各有所長，樂隊甫出道便迷倒萬千年青男女，成為紅極一時的偶像樂隊。隨著電視和電影的興起，溫拿樂隊的作品後來多配合其主演的電視節目及影片而生，並轉以粵語歌曲為主，曲詞均由著名填詞人黃霑先生一手包辦。在一九七四至七八年的短短四年間，溫拿樂隊共出版了十張大碟、十四張細碟，氣勢橫掃整個東南亞。」

四年一個傳奇

譚詠麟其實在一九七四年才正式加入溫拿。當年一心「腳踏實地」到新加坡攻讀經濟學的他，沒完成學位便因病回港，再次過著日間推銷晚上夾band 的生活。那時 Loosers 的陳百祥和陳百燊兩兄弟到中東工作去了，樂隊要換班。除譚詠麟、彭健新、陳友和葉智強四人，加入另一位主音歌手鍾鎮濤，還「反敗為勝」改名 Wynners。

Band 友的圈子不大，加入溫拿前，鍾鎮濤早聽過譚詠麟這名字。「我知道有一個叫 Alan 的人，唱 *House of the Rising Sun* 竟然唱原 key，飆高音很厲害。他也可能在某處聽說過一個叫阿 B 的人。」某夜在尖沙咀天星

碼頭開出的尾班船上（剛下班的樂手常常在這班凌晨兩點的船上聚頭），傳聞中的 Alan 和傳聞中的 Kenny Bee 碰了面。那次鍾鎮濤對譚詠麟的印象是：「『靚仔』，少許像外國人，因為瘦所以哨牙特別明顯。」（譚詠麟有一個花名叫「哨牙仔」）

溫拿樂隊最初在私人派對和酒吧演出，這讓幾個年輕人見識到不同階層的人和事。譬如在某銀行會所開派對，醉醺醺的銀行大班竟然領他們到金庫參觀，看到許許多多光澄澄的金條原來就藏在民居，他們傻眼了。又譬如，有酒吧為旅港美軍辦派對，疏爽的美國大兵每回點歌都掏出百元大鈔，迷幻音樂 *In A Gadda Da Vida* 點完一次又一次，而酒水則一直灌到醉為止。

那是越戰如火如荼的年代，美國大兵一片末日前歡快的奇異氣氛。他們今朝有酒今朝醉，因為明日可能已經身在前往戰場的路上了。但少年不識愁滋味，譚詠麟印象最深的竟是這幕：鍾鎮濤買了一包臭丸準備帶回家，隨手放在酒吧的 Organ（管風琴）上。美國大兵剛巧看到，忙不迭趨前問：「Hot stuff？」鍾鎮濤一派大方點頭，還起勁耍出初露頭角的演技，假裝把小丸子吞下，還一臉陶醉。美國大兵「照辦煮碗」，還用七喜送服。「嚇得我！要是弄出人命便大件事！」譚詠麟說，那種心情是又怕又好笑。

東南亞，燒著了！

溫拿樂隊行雙主音制，推出的第一張細碟是由鍾鎮濤主唱的 *Sunshine*

溫拿甫抵機場，已被熱情的歌迷包圍。

譚詠麟充當時裝模特兒，
引領當時的潮流文化。

Lover，B-side 則是譚詠麟唱的 *Would You Laugh*，兩首都登上本地流行榜。但讓他們真正紅起來的，卻是第一隻大碟 *Listen to the Wynners*。「這張碟一出，整個東南亞都燒著了。」譚詠麟説。

在不同市場燒起來的溫拿名曲各有不同。據説在泰國，從街市到夜店一律播放 *I'll Never Dance Again*，星馬流行 *Sha La La La*，在台灣熱播的則是 *Reflections of My Life*。至於樂迷有多瘋狂，譚詠麟説：「連鞋跟都拉脱！」某次到高雄的百貨公司頂樓宣傳，歌迷狂追不下，長得像根竹子的陳友在電梯底被拉脱鬆糕鞋鞋跟。同樣的事，葉智強在馬來西亞也遇過一次。又有一回，溫拿到馬來西亞登台，住到酒店三樓，半夜忽然響起「嘭！嘭！嘭！」的巨聲。原來歌迷爬水渠來敲窗，用當地口音大喊：「Photos！Signature！Photos！」「好驚險，真怕他掉下來！」但譚詠麟説罷，又難掩得意：「現在的韓風小兒科……哼！」

回到香港，譚詠麟走在街上時，也察覺到一樁怪事：怎麼年輕人都梳獅子頭穿大領上衣喇叭褲鬆糕鞋，跟自己的表演裝扮「倒模」一樣？「他們的鞋跟甚至比我們還高，我們的四吋，他們足八吋，看起來人人『神高神大』卻走不快，像在長洲看飄色。」樂迷愛溫拿，甚至連他們的裝扮也一併愛上了。

「溫拿那時每個星期為超過十份雜誌做封面，封面啊！紅得很厲害。」譚詠麟説。

the Wynners

一九七五年譚詠麟辭掉日間工作，全情投入溫拿樂隊的演出。

幾個入世未深的年輕人，名氣急升得像「白金升降機」，可有迷失時？

「沒有，我常常有一個感覺，覺得這些都是曇花一現，也不知道何時會停何時會變，只想好好享受那個時刻。我照樣在街上吃魚蛋和臭豆腐，穿著球鞋到處去，只避免在上下課時途經學校，因為這樣絕對會引起騷動！」

玩音樂，愈大聲愈肚餓？

譚詠麟唯一實質的生活轉變，是終於在一九七五年辭掉日間工作，全情投入樂隊生涯——也實在沒辦法不投入，因為表演工作排山倒海地湧至，已經無法兼顧了。那時的溫拿樂隊，一方面馬不停蹄地出埠，另一方面還要錄影電視節目，最初是麗的電視的《溫拿周記》，後來是無綫電視的《溫拿狂想曲》。

「那時在幕前演出的音樂都要 miming（對嘴），錄完歌在台上『詐詐諦諦』地唱，所有東西都是假的。當然我們本身會彈會唱，但沒辦法，因為器材未達到現場收音水平，做不到 live。」也不僅是「對嘴」，溫拿還調整了音樂風格，從重金屬音樂變成中間路線，慢歌多了，整體感覺變得溫和，廣東歌更愈唱愈多，更容易入屋面對家庭觀眾。

「過程中有很多妥協。」感到遺憾嗎？「倒沒有。因為我們從沒說過一定要走高格調或偏激的音樂路線，只想娛樂大家。如果這個方向做得到，便可

以了。電視節目有現場觀眾，氣氛依然熱烈，那種感覺也很值得。」譚詠麟説：「總之我們的口頭禪是，音樂玩得愈大聲肚子便愈餓。因為你已經遠離主流，也遠離觀眾了。」

在當時的經理人梁栢濤（Pato）穿針引線下，溫拿樂隊加入電影拍攝工作，包括由黃霑執導的音樂電影《大家樂》，以及後來跟台灣新派青年導演陳耀圻合作的《追趕跑跳碰》，正式從歌影視全面進軍娛樂事業；而他們的影響力亦遍及多個海外市場，多次登上新加坡、馬來西亞、泰國、汶萊及沙巴等地報章的顯要位置。

一星期裡，他們常常要錄幾集電視節目、出外景、到夜總會演出，還要練歌。但譚詠麟説他們不累，「年輕人不怕的」。

保齡球場上的等待

然而，觀眾的喜好確實有時會停、有時會變。溫拿的氣勢持續數年後，漸漸靜下來。原因很多，當中包括流行樂隊的衰落。葉智強這樣回顧當時身處的時代：的士高熱潮興起，老闆發現只要聘請一個唱片騎師，就可以省下整隊樂隊和不少音響器材；現場表演不再吃香，令樂隊的演出機會大減。至於幕前工作雖然為樂隊帶來名氣，但葉智強説，他們的實際利益不多。溫拿的日子開始變得艱難。

the Wynners

the
Wynners

Love and other Pieces

第一個暫別的是鍾鎮濤，他得到爸爸的朋友引介到台灣。「機會難得，便去了。」鍾鎮濤說：「離開時沒想太多，也不太懂得為自己打算。心底裡其實最怕溫拿拆檔，因為我從未試過有一班這麼好這麼緊密的朋友，很溫暖。」

當鍾鎮濤被命運牽手到台灣拍戲時，餘下四子還以為這就像他們演過的戲那樣，用不了多久。「我們拍過《大家樂》，那是開四、五十組的音樂電影，每日開工拍了一個半月。我算到盡給你雙倍時間，三個月好了？」開始時，譚詠麟胸有成竹，但原來他們都低估了一部認真的文藝片有多磨人，也低估了李行導演的嚴格。一個月、兩個月、三個月……直至半年過去了，鍾鎮濤的戲還在拍。

譚詠麟、陳友和葉智強每日在保齡球場上消磨時光，從最初的沉迷到後來的意興闌珊。就在譚詠麟覺得實在不對勁，再等下去也不是辦法的時候，無綫電視邀他以個人身份夥拍林子祥和鄭裕玲，主持《BANG BANG 咁嘅聲》。「我一口答應，試試也好！」

從沒分開　下回再玩

「所以我相信一句話叫『船到橋頭自然直』，困難時我以為死定了！但不用害怕，不必處處想到最壞，凡事總有轉機。」這也是引領譚詠麟一路走來的正能量。

隨著兩位主音歌手各奔前途，溫拿樂隊終於要叫停了。其他成員可曾埋怨？彭健新説：「沒有，人家有發展你為甚麼要去怨他？你也可以去工作啊！何況我一直覺得，溫拿裡每個人都有運氣，一定不會憨憨的坐著家裡沒事幹。」葉智強則強調，他們沒有、也根本從未分開過：「人家是這樣以為，但其實溫拿一直都在，只不過等候另一個機會，一起再玩。」

「溫拿和 Loosers 給了我毫無保留的兄弟，大家不計較地互相幫助。像阿叻説的，十六歲前認識的朋友都沒機心，因為識於微時，全不計較利益衝突，可以交心。」譚詠麟説：「我的兄弟情肯定比女仔排得前，即使今日亦如是。對很多女人來説，這是很不中聽的。」

對於溫拿幾個真兄弟，譚詠麟這樣點評——

「健仔心中富有，而且思路最清晰，因為從來都沒用過、沒想過，嘿嘿。對，他還最有文采、讀書最多——小學五年級讀了很多年，從我們的學長，一直變呀變變成同級同班的同學，後來還成了低班學弟。」

「阿強最古肅，專放悶氣，對任何事情都投反對票，常常唉聲歎氣，問『這有甚麼好？』不過這十年八年他變了，很多事都變得積極、很想參與，不知是不是因為住在澳洲和樹熊一起想通了。」

「陳友就是多多諗頭,很多大製作都在腦裡,而且是爛尾的,一天到晚要我收拾爛攤子。長大了較好,時間會改變人。」

「阿 B 常常拿不定主意,但他是我們一群人當中最聰明、學新歌最快的。我到今時今日都覺得,他真的唱得很好,只是娛樂圈有很多際遇。」

這五人定下五年之約,十年、十五年、二十年、廿五年……一直玩下去。

五個人加起來三百歲

曾幾何時，幾個血氣方剛的年輕人口出狂言：五十歲還在玩 band 的那些，還不去死?!

彭健新嘿嘿地笑起來：「說著說著，我們已經超齡，現在反而會說，試問香港有哪隊樂隊這麼多年依然整整齊齊沒散過？即使外國的 Rolling Stone 和 The Beatles 都做不到，我們簡直好得沒話說！」說罷，逕自高興起來。

誠然，一隊樂隊幾十年來不翻臉不拆檔不對罵沒錢財糾紛，確是異數。「最重要是我們從小玩起，如果合不來老早散了。到現在，只要抬起一隻腳大家都知道對方在想甚麼，而且都不記隔夜仇。」彭健新說。

這五人各有崗位：彭健新負責分配歌曲，兩個主音誰唱甚麼，幾乎他一人說了算；鍾鎮濤話不多，但天分最好，常常在音樂上出主意；陳友得到的評價普遍是「花弗」，甚麼都說好甚麼

都要做，但又隨和能遷就人；你或者無法想像葉智強曾為溫拿的形象掌舵——樂隊初露頭角時，一身打扮從頭到腳從小飾物到揹在身上的大袋，都是他從外國音樂雜誌摘取元素拼湊出來的。換言之，葉智強曾經帶領香港年輕人的服飾潮流。

至於譚詠麟——

陳友說：「他本來就有點領導角色，很多對外『講數』都由他出面。」

鍾鎮濤說：「大家喜歡他公道，譬如手上有一瓶好酒，他一定分得均勻，知道你們哪個不能多喝哪個要多喝些，常常為大眾服務。」

彭健新說：「他的數口比我們都精明，把箇中利害交代得清清楚楚，絕不『收收埋埋』，而且看得比我們遠。」

葉智強說：「他最喜歡做和事老，大概因為八卦，喜歡聽人講是非。」

時至今日，逢是溫拿樂隊掛牌的工作，大家同工同酬。這規矩據說會用到永遠。

溫拿演唱會的綵排情況

五個人加起來活了三百載歲月，但神奇的是，只要他們一聚首，卻又立即變回小夥子似的。陳友這樣形容：「大家識於微時，相處方式改不了。一坐下，幾十年人學回來的世故都不見了，像十幾歲的『靚仔』──說話不得體、『得罪人多稱呼人少』、你『寸』我我唬你，而愛吃東西的繼續搶吃……」

溫拿成員間的「小學雞」笑話也特別多，幾個一把年紀的大男人常常為無聊事情笑翻天，還不厭其煩地說完又笑、笑完又說。「別人很難介入這種開心，有時我們不得不把它們『翻譯』得比較大眾化，與眾同樂。」鍾鎮濤很體貼地說。

「很感恩在這種年紀，還有這樣的朋友。」陳友說。

練出紮實的保齡球
功夫

那半年的保齡球約會原來沒白費，譚
詠麟練成優秀的控球功夫，很多年後
依然派上用場。

他分別在一九八九年和一九九六年贏
過兩次保齡球賽冠軍，一次由商業
電台在美孚舉辦，另一次在南華會
舉行。「八九年那回，我沒打保齡球
十五、六年了，就是因為知道商台辦
比賽，特意練了三日，就這樣拿走冠
軍。」九六年南華會那次，他甚至贏
了亞運會金牌得主車菊紅，「原來有些
運動員不習慣被鏡頭影著比賽，會有
壓力。」

「至於我，我覺得是這樣的：一旦專
注起來，便能發揮很多奇異潛能。」
這種專注力在譚詠麟人生路上的幾個
難關，都派上用場。

停機一刻：
雞同鴨講的台灣歲月

一九七九年，在台灣電影《忘憂草》的外景現場，那是第一日拍攝，譚詠麟結結巴巴地唸對白，同時感到氣氛不對勁——有這麼大風嗎？為甚麼反光板都在抖，而我的頭髮卻沒動半分？「後來我才知道，那不是風，是工作人員吃力忍笑。」譚詠麟偷望導演白景瑞，驚覺他的髮型愈來愈亂——也不是風，是他抓狂。三個鏡頭後，白景瑞大喊一聲「卡」！然後跌坐導演椅上，困惑地把三千煩惱絲（如果還有三千）一撮一撮撥亂反正。好不容易回復九一分界，他說：「你的對手林鳳嬌，以及連我在內的全組工作人員，都聽不懂你半句話。」

他宣佈即時停機，一星期後再回來開拍。

「那一刻很傷，感覺是觸礁、撞船、晾船底、動不了……」譚詠麟說：「對自己非常失望。」

暫別溫拿樂隊後，譚詠麟為無綫拍長劇和年輕人節目，同一時間台灣派人來跟他談合約。那時譚詠麟沒唱國語歌，在台灣的歌手形象並不突出，當地很多人反而是透過青春電影《追趕跑跳碰》認識他的。一九八〇年，他落實赴台發展，主力拍電影。

可曾想過國語會成為障礙？「沒想過，我覺得自己會說國語，捲舌頭便是，那年代所有廣東人都是這樣說的，大家亂來，哈哈……」好不容易笑完，他說：「誰知到埗第一炮，便成為障礙了！」

他第一炮遇上的是名導演白景瑞。白導演深受意大利新寫實主義電影影響，曾在羅馬皇家藝術學院修習繪畫和舞台設計，也進過意大利電影實驗中心取經。他曾為多齣文藝愛情電影和文學改編電影執導，包括改編自陳映真作品的《再見阿郎》和白先勇小說的《金大班的最後一夜》。他深信「寫實並非只能暴露黑暗，同樣也可拍出溫暖人心的人情味」，這在當時的台灣影壇又叫「健康寫實路線」。《忘憂草》是他的愛情喜劇。

其實白導演早知道要為譚詠麟找配音演員，只是沒料到拍攝現場那麼慘烈——「譚氏國語」的獨到之處，是它甚至無法讓演員進行基本溝通，莫說感情交流。停機後，他向在場的工作人員宣佈：「從今天起，副導演會將你（譚詠麟）的對白用卡式帶錄下來，我們不改了，回去你當作學歌那樣從頭到尾唸好它。」

那一刻，譚詠麟自覺像做錯事的小孩，整個人都縮小了，「哇——心情多沮喪！那意味著你交出來的演繹令人失望，還累及全組為你一人停機，而且第一天就弄成這樣。我覺得對不起導演、對不起全組工作人員、對不起電影公司的栽培……」

那天的工作這樣就完。譚詠麟住在林青霞的家對面，他記得當天早上六時出門時，還特意朝她的窗台望去，期待剛巧碰上大美人的美目流盼。想不到才兩個小時，自己便下班回來了，踏進門口前他又朝窗台張望，想像大美人還未睡醒，「我叫自己多望兩眼，因為我這樣失禮，以後也許再不能留在此地遙望她了。」

七日變身國語文藝小生

七日，他只有七日，把自己改裝成為一個能用國語傾吐出綿綿情話的文藝片小生。

然而，譚詠麟不愧為正能量小子，他調整心情重新出發：「沒有事情是不可能的，一定做得到！船到橋頭自然直！」

回到寓所，副導演立即把譚詠麟的對白從頭到尾唸一遍，錄音時語氣表情一應齊全。那盒卡式帶成為救命草，無時無刻不發揮作用，譚詠麟日裡播夜裡播連睡著也播，所以夢到的都是國語對白。他從不喜歡戴耳機

（今時今日亦然），但當時無論在巴士上、的士上、餐廳裡，抑或走上大街小巷，情話如影相隨。路人看到愣小子儘管跟著奇異的廣播唸唸有詞，以為他瘋了。

譚詠麟用無比專注一字一句一場場戲的苦練，把從前抄英文歌詞生吞活剝的毅力，發揮得淋漓盡致——只不過換上另一種語言。

他再次踏足片場後，第一個鏡便 OK 了——「因為我只需走進門口，說『嗨』！」譚詠麟傻傻的笑了：「導演很照顧我，可能是為了給我信心，精挑細選這個鏡頭！」但他的努力沒白費，接下來的演出，雖然偶爾仍惹來工作人員「噗嗤」偷笑，但整體順暢多了。「我是從反光板的抖動幅度知道的，『風力』減弱，代表我跟大家比較能夠溝通。」導演有稱讚嗎？「呃……不記得，但我已經不敢問，他肯收貨已經很好。」

譚詠麟視白景瑞導演為自己電影演出的啟蒙師傅，除了對白上的要求外，他還讓譚詠麟見識大熒幕的力量和表達技巧。「那時我不是不會拍戲，只是從前拍戲多數五位一體（以溫拿樂隊為單位參與拍攝），即使近鏡亦難免柴娃娃。但文藝片的感情戲卻是另一回事。在大熒幕上，一通呼吸一個皺眉都被放得老大，觀眾感受得到之餘，還會被牽動。我演電視時常被要求表情多多，但這些表情一旦投射到大熒幕上，卻變得誇張可怕。我看毛片時便明白了。」

他認真地說，自己如何在電影裡走好一步路、近鏡該怎樣演、表情收放幾多……都是由白景瑞導演教出來的。

那以後，譚詠麟又緊接著拍了很多戲，高峰期甚至在一個暑假內連拍七齣，連睡覺也成為奢侈品，莫說抽時間練習國語。在這樣的非常時期，他的對白亦只能用非常手段解決——在鏡頭前用各種表情唸「一二三四五六七八……」，真正的對白交由配音演員在後期配上。

假如我是「金」的

當譚詠麟藉《假如我是真的》登上第十八屆金馬影帝寶座時，他第一個想到要電話報喜的，是《忘憂草》的導演白景瑞。

之前他壓根兒沒想過得獎。上車出發到高雄市立中正文化中心前，電影公司老闆江日昇給他遞上小紙條，叮囑他萬一獲獎便照著唸，譚詠麟收入口袋中，卻苦無機會掏出來。之前十七屆的頒獎禮全部在台北舉行，一九八一年第一次移師高雄市，因此全市氣氛高漲，五十萬人夾道相迎，出席的嘉賓一個個從開篷車內伸出手，與熱情的群眾沿途相握。這路一走兩句鐘，譚詠麟的手一直未閒過，「袖子開始時是白色的，漸漸變灰，最後變得又黑又濕。因為被拉扯到出汗了。」

會場內到處都是攝錄機，譚詠麟更不敢打開紙條。但他自忖沒相干，因為

「這是我的開始，也是我最好的……」

假如我是真的

一九八一年憑電影《假如我是真的》榮登金馬影帝寶座

「橫豎輪不到我」。待聽到賽果，他感到自己彷彿是飄上台的，「所有相機都迎向我閃燈，我眼前一黑；上了台，忽然又變回不會說國語的模樣，胡謅了幾句不知道是甚麼的東西。」

還好這世界上有影像記錄。我們在片段中看到，台上的譚詠麟看來有點拘謹，語速有點慢：「驚魂未定，聽不懂沒關係，心還在跳……多待一會……在這裡，我要首先向永昇電影的老闆江日昇先生致謝，還有我們的導演王童先生。假如我是真的……」一頓後，他終於咧嘴笑了，舉起小金馬振臂高呼：「果然是真的，耶！」

這片段去年由金馬獎主辦單位放上 YouTube，都這麼多年了，有人才真相大白似的回應：「原來他講的是『果然是真的』……之前真的聽不懂。」

譚詠麟把「真」說成「金」，當年幾份報章都用很大的字把它放上標題。「假如我是金的」，成為一時佳話／笑話。

回到台下，譚詠麟給白導演打出第一通報喜電話，「我告訴他，我得到了！然後謝謝他。」只有這幾句？「夠了，他也在看直播。我知道這對他來說很重要，代表他沒看錯人。」第二通電話，他打給在香港的爸爸媽媽。

那些年的雞同鴨講

譚詠麟的國語在台灣鬧出幾個「大型笑話」，其中一次是在中視廣播。當年上台灣的電台宣傳，是要發紅封包的，而且電影公司好不容易才爭取到緊接著午間新聞後的直播時段。主持是一位戴眼鏡梳蛋撻頭的男士，髮線已在撤退中，看起來挺嚴肅，語速遲緩：「譚詠麟——是從香港，過來台灣發展的——」他問譚詠麟最近拍甚麼戲？後者認真地用「譚氏國語」回答：「我演出一個門童，發現我的經理有一個很大的陰謀……」說著說著，他赫然發現相隔一道玻璃的控制室內，所有人一下子不見了。他偷偷踮高腳尖一看，原來他們全部蹲在地上笑得「卡卡卡」，連主持人亦然，這令節目陷入短暫的死寂中，好不容易才回過神來繼續。

「我莫名其妙，心想我說錯了甚麼，有那麼好笑、那麼有震撼力嗎？後來才知道，自己把『陰謀』說成『陰毛』，還是『好大的陰毛』！這是直播節目，整個島都聽到，可能連福建也聽到了！」

經此一役，譚詠麟依然天不怕地不怕，還竟然，當上台灣的電視節目主持。「我到台灣三個月後已經做主持了，那是三個小時的過年節目，多厲害！別人大概只能聽懂一半，但我不怕，亂說也成，因為有字幕。」他說來得戚，但配字幕的人豈不可憐？「不！她不可憐，她是廣東人來的，是陳秋霞！」

一個人三溫暖的寂寞港漂

雖然譚詠麟帶給台灣很多令人歡樂的笑話，但隻身在外，日子也孤單。「尤其是初到埗時，遇著下雨不能拍戲，便不知該做甚麼，只好一個人到三溫暖浴池打發時間。人家早上十一時開門，我十時半便在那裡等候了，把身體焗完蒸完再找人按摩，然後出來吃點東西，再去看電影。有時看完電影會回到浴池再焗一次，焗完又再看電影，直至晚上十時許回家睡覺。要是第二天繼續下雨，唯有再來一次。」這種極端單調的生活，從反斗星的口中說出來，反而有種莫名喜感。譚詠麟喜歡熱鬧，寂寞日子過得非常苦，直到終於結識了一些台灣朋友，生活才慢慢豐富起來。

最孤單的時候，可曾後悔？「從沒這樣想！去台灣是難得機會，該慶幸也來不及呢！人生不會有很多機會，來了便要好好掌握，我自覺已經很幸運了。逆境時更要調整心態，用彈性和韌力適應過去。」

譚詠麟是完成台灣的合約後，才回香港去的。這跟曾志偉原來有一點關係。

記得那三小時的過年節目嗎？曾志偉是當中一個嘉賓，他以導演身份帶上姜大偉等一眾演員來宣傳新戲。「他對我說，回來吧，香港很好玩！我就說，好的，合約完了便回來。」那次曾志偉還提起他們原來是世交，七、八歲時曾在球場上一起跑跑跳跳。「他的爸爸跟我的爸爸是好朋友，他一說我便記起來了。我還記得小時候，他的爸爸過年會送我一百大元的紅

提議譚詠麟回港發展的，原來是曾志偉。

譚詠麟與爸媽的感情要好，是公認的「孝順仔」。

封包，那時的一百元鈔票很大，要摺很多遍才能塞進紅封包，而當年的紅封包『市價』是斗零一毫。」但小小譚詠麟沒有直接得益，因為得上繳爸爸。至於給小孩子的紅封包為何闊綽如此，可能只有兩個在天上的爸爸知道了。

假如我是真的

譚詠麟非常投入拍攝《假如我是真的》。

這故事改編自中國劇作家沙葉新寫的同名舞台劇，講述文化大革命時各級官僚特權橫行的黑色荒誕。譚詠麟飾演的年輕人希望回鄉與未婚懷孕的女友盡快完婚，卻遇上重重阻滯。一次巧合，他被錯認為來自北京的高幹子弟，隨即受到達官貴人爭相巴結。為了趕快回城完婚，他將錯就錯牽引出連串笑話。但這是藏在喜劇裡的悲劇，無名小卒最終被逮著，眾人圍觀數落「他是假的！」他則在掙扎中喊得聲嘶力竭：「假如我是真的呢？」女友最後投江自盡，而他也在獄中割腕身亡。接拍前，譚詠麟一直自覺是時尚人，全無把握把這個文革時期的角色演好，但他視這為挑戰，「我老是這句話，準備功夫盡力做，其他的別想……船到橋頭自然直。」

趁著回港的機會，他搜集了一批資料，包括談文革的書和日本人在內地拍的歷史照片，還找上幾位曾經身在其中的人，聽他們娓娓道來那段瘋狂歲月。「他們告訴我，那時共產黨員的交談都是模棱兩可的，很少把話說死，擔心一旦說錯，便落得被人批判。所以，那些話常常被傳歪了、弄錯了、混淆了。」

在台灣不容易接觸得到這些材料，所以譚詠麟與王童導演一一分享。「電影裡很多鏡頭處理和對白運用，都帶出了這種曖昧態度。」那時王童剛從美術指導轉過來執導第一齣戲，所以有種無形壓力，彷彿不成功便成仁，譚詠麟和他作了很多交流，「怎樣分鏡、哪種情緒搭配甚麼鏡頭、哪些必須搶拍、哪個時候停機、怎樣分析人物對白帶出來的態度……我們都溝通了。」

他相信一分耕耘一分收穫，「我認真地對待這齣戲，盡了全力，而且享受過程，便足夠了。只是沒想到它會讓我得到那樣大的獎賞！」

除了「最佳男主角」外，這齣電影還

奪得當年金馬獎的「最佳劇情片」獎和「最佳改編劇本」獎，不過由於涉及諷刺文革的內容，一度被香港政府以「影響與鄰近地區關係」為由禁播，待一九八九年才解禁。

歌廳、鈔票、牛的四個胃

譚詠麟喜歡電影，但他最愛音樂。台灣電影在農曆新年是不開工的，這個檔期正好讓譚詠麟掙點外快——唱歌！「我們在高雄跑了很多歌廳，一日至少五場，年初一、二可以唱七場，從早上十時許唱到半夜十一、二點。」樂隊是他從香港叫過去的，包括彭健新和葉智強兩隻「梗腳」。偶爾遇上鍾鎮濤在附近工作，幾個老友又聚到一起玩音樂。

他們只唱英文歌和廣東歌，有次唱完一曲廣東歌後，台下有人怒吼「這是甚麼鬼歌?!」轉身便走。八十年代初的台灣流行舞廳，而舞廳的座上客很多都只喜歡姚蘇蓉《今天不回家》那類國語歌曲，對譚詠麟玩的樂隊音樂沒多大感覺，「我們自己高興，但是他們不認識。」落差很大吧？好歹在香港曾經是萬人迷！

「在那兒唱歌的心態很不同，工作而已。我覺得自己或者像駱駝呀牛呀那類動物多一點，有幾個胃的，能把食物分開一格格來存放——表演英文歌時用這種心態，應酬觀眾又用另一種。」這個譬喻或可簡化為「能屈能伸」。「而且在歌廳唱歌，價錢不俗，還收現金，因為信不過歌廳老闆！」當年台灣沒發行五百元大鈔，幾日下來，他們收取的一百元鈔票價值數百萬台幣（當年 1 元港幣兌 7.8 台幣），莫說不壯觀。為免一身鈔票成為埋伏目標，他們還想到把鈔票裝入五、六個鞋盒掩護，連夜坐長途公車直上台北。

拼命時刻：
在港台飯堂磨爛蓆

這個八十年代的片段，來自「金曲之父」張文新──

張文新記得，自己當日晨早七時許便回到香港電台（港台）的飯堂，可是有人比他早，那是譚詠麟。「你在這裡做甚麼？」張文新問。他答：「我要出碟了，當然要來做宣傳！這個星期在這兒上班呀！」張文新以為對方說笑，不以為然，哪知傍晚五時許回到飯堂時，譚詠麟猶在，還對他說：「唉，新哥，我今日只『執』了廿五個訪問，昨日有廿八個。」

數數手指，譚詠麟足足待了十個小時。

據說，這是譚詠麟的「磨爛蓆」宣傳方式：先約好一、兩個電台訪問，然後乾脆從早到晚留在港台打躉，因為（一）那時廣播道號稱「五台山」，一條街包攬了香港電台、商業電台、無綫電視和亞洲電視幾大媒體，是非常集中的宣傳重鎮；（二）港台勝在有飯堂，而譚詠麟素有「食物焚化爐」的外號。

那時譚詠麟挾著金馬影帝之名回港不久，唱片騎師看見他像尊佛似的笑笑口坐著，一個個趨前招呼和討簽名，然後譚詠麟會問：「喂，你幾點有節目？要不要替你錄兩句？」那些「錄兩句」，有時不過說聲生日快樂、有時是幾句宣傳、有時是兩句歌……總之他甚麼都樂意。更甚者，一會後，當他發現身邊漸漸靜下來，好像暫時不會有甚麼事情發生，他會走過對面馬路摸上商業電台，在那裡再撈一堆訪問，完成後施施然回港台飯堂繼續吃雞翼。

張文新說：「有些明星明明跟你見了面，還要你聯絡他的經理人和公關大員約時間，根本沒有人像他（譚詠麟）。那種即興力量很驚人，人家約廿個訪問可能要足足等一個月，但他一日已經殺下二十個，放下身段，主動出擊，贏速度也贏親和力，那些宣傳大員怎夠他來？怎能不寫個『服』字？」

譚詠麟有一個花名叫「幸運倫」，「我同意天時地利很重要，但換轉這機會給你，你做不做得到？」張文新說。

一切重新開始

從台灣回到香港的娛樂圈，有兩、三個月，譚詠麟老覺得人家看自己的目光很奇怪，「好像我是外來人似的，也許因為我的廣東話變得不標準，說話常常用錯書面語。」陌生也許還緣於對譚詠麟身份的不確定：從前分明是唱搖滾的樂隊主音，怎麼一下子變成小生回來，還是拿下金馬獎的台灣文藝小生？

譚詠麟也驚覺香港樂壇的面貌改變了，許冠傑、徐小鳳、林子祥、葉蒨文……等全部都唱粵語流行曲，而且每位也獨當一面，至於他自己則彷彿成為新人。但譚詠麟用密集的曝光率，重新開始。

很夠意思的是，不少曝光機會來自他到台灣工作前，在香港電視台種下的因。「初出來作個人發展時，常常和一班剛入行的電視台 PA（助理編導）工作，後來他們做了監製，叫我在早晨和下午茶節目亮相。這些節目收視不高，跑來跑去好像有點無謂，但我覺得幫朋友不用計較，也不過是再早起一點、工作再密集一點而已。沒想到這樣竟為朋友增加了公司對他們的認同。待他們都上位以後，很多都記得這些往事，拼了命來幫我。」

在這期間，譚詠麟還拍下不少賣座電影，如《小生怕怕》和《陰陽錯》等，成功歸位為香港影壇的主要演員。音樂路上他亦一直未停步，即使人在台灣，也抽時間飛回香港錄廣東歌大碟。

錄音室裡的衝鋒陷陣

那些年譚詠麟錄音,是衝鋒陷陣的事情。一九七九年的《愛到你發狂》大碟, 只錄了三晚通宵,「那時我在台灣拍戲,只能請假四天,回港一下機已經進錄音室了。」後來差不多成為譚詠麟「御用監製」的關維麟,也對這隻碟的製作過程刻骨銘心:「錄音室內,阿倫一邊唱,鄭國江一邊趕寫,一寫完就錄。」他們不斷逼迫埋頭苦幹的填詞人鄭國江:你那邊寫完沒?我們這邊快要錄了!至於譚詠麟,最多只能打瞌睡十多分鐘,待歌詞一寫起,又要抖擻精神站起來唱。關維麟説:「實在累,但他很捱得。」

最初兩隻碟銷情一般,直至唱了《忘不了您》,在香港以個人身份重新出發的譚詠麟,終於又紅了起來。

這首歌是關維麟從日本帶回來的,那時他在當地替歐陽菲菲監製新碟,一有空便逛唱片舖,偶然聽到五輪真弓的這首歌。「我不知道歌裡説甚麼,反正整個人就像『凍』了一樣(受感動),立即想到譚詠麟。回來後,他一聽就説『正』!我們還很有膽量地找了當時還很新的林敏聰填詞。」

「在錄音室聽阿倫唱這歌時,很『凍』的感覺又回來了──他唱出自己的感情。」

譚詠麟疼錫歌迷，歌迷對他也又敬又愛。

ALAN 譚詠麟

愛到你發狂
満天飛・輕輕碰一碰・莫說愛情重

精裝譚詠麟
小結嗃相
982-317-2
忘不了愛 軍人 女神 愛情唔係你相攝非偶然 小孤燈 唔一番好歡

ALAN
反斗星

譚詠麟
忘不了您

我心喜歡你
天邊一隻雁
想將來　　　情兩牽
愛上您　　　愛意怎擋

誰令我心中　癡癡的醉

在我身邊　每天為我灑滴滴眼淚

讓我的每一天　也是晴天

懷著滿腔熱誠　藏在我心裡⋯⋯

這幾句歌今日耳熟能詳，可是它們半點不容易唱，甚至是譚詠麟記憶中最難唱的慢歌。「錄音那天我合共要錄六首歌，可是唱到這首卻卡住了，從下午二時一直磨蹭到六時，每次唱不了三句，總是入不到情緒。這歌最難的是，既要讓人感到我在耳邊為你而唱，但又不能有噁心毛管戙的效果。」這條線很難拿捏，也容易走歪。

老半天徒勞無功後，譚詠麟決定讓大家去吃飯，自己卻買一枝白蘭地，獨自乾了四分之三。他藉酒意重回錄音室，果然便順利了。今日我們在大碟聽到的，是他在酒後灌錄的第二個版本，它不僅掀起本港樂壇改編日本流行曲的熱潮，還奠下譚氏情歌的深情形象。

譚詠麟為歌曲錄音，腦海裡先有旋律，然後是畫面，讓自己代入歌中人物。「看一首歌，人家看到的是歌詞，我看到的是故事。如果一個歌手沒有那種熱情，找不到故事當中的感覺，便無法帶出歌曲的意念和氣氛。所以我相信，成功的歌手和普通人不同——他們必須感情豐富，才能夠在歌裡吸收另一種人生、經歷一段刻骨銘心的愛情。歌手們不單止要進入那種情緒，還要有能力重重複複不斷進入。」

《忘不了您》這張專輯取得四白金的成績——今日我們大抵都忘掉甚麼是金唱片白金唱片了，這些其實是國際唱片業協會（香港會）頒發的榮耀。那年頭，一張本地流行曲專輯必須賣出五萬張方才稱得上是「白金唱片」，換句話說，這張在一九八一年發行的唱片，賣出超過二十萬張。（在唱片業萎縮的今時今日，國際唱片業協會不得不降低門檻，所以從二〇〇八年起，賣出三萬張已經稱得上是白金唱片了。）

那以後，譚詠麟和關維麟攜手打造了很多張白金唱片。譚詠麟形容自己和關維麟有一個共通點，就是對旋律有很強的觸覺，幾乎一聽就嗅得出一首歌最後會否流行。他帶點自豪地說：「如果我們兩個都嗅到這歌會 hit，便鐵定錯不了。」這些獲得「雙重認證」的歌曲包括《愛在深秋》、《霧之戀》、《誰可改變》、《愛情陷阱》……這歌單可以一直數下去。假如你看到歌名，即時在腦海掀出相關的旋律甚至歌詞——對，我們都在八十年代哭過笑過。

飛人生活

外人看明星覺得他們很風光，但譚詠麟身在其中，卻只感到非常非常忙，日子在追趕工作進度中度過。「在 TVB（無綫電視）出身的人都應該知道，我在八四至八七年間那種瘋狂——每星期都推出新歌，一個月不知拍了多少隻 MV（音樂錄影帶）。」休息成為奢侈，他唯有練成「入睡神功」，把所有零零碎碎的坐車時間通通拼湊來睡。基本上車子一晃，他便晃進夢鄉

與關維麟合作的《暴風女神 Lorelei》銷量達六白金

在馬來西亞登台期間偷閒逛街

在一九八六年的演唱會上，好友探班。

一九八七年譚詠麟參加東京音樂節與早見優（中）、谷村新司（右一）同台演出。

了，就像是直接關掉按鈕那樣。而且只要睡魔一發功，再惡劣的現場環境也能克服過來。

有很多次，他一日連飛兩回，甫下機便旋即投入工作，做到凌晨兩、三時回到酒店，可是才五時又要出發了。當中只夠時間洗個澡，然後攤在床上稍歇。一天到晚都在路上的感覺並不好過，「不停 check in 和 check out，有時一覺醒來不知道身在何處。」

某次在台灣桃園拍戲，雨水淤塞水道，廁所水湧了出來，水深過腳眼，太髒了，大家甚至連廁所都不肯去。「可是我實在太睏，拿兩張椅子排起來，再搭一塊不知從哪兒來的木板，躺上去就睡。挺威風的，像懂得武功那樣，可以跟郭靖、小龍女拼一拼。」

廁所水、椅子、木板——是他當紅生活的寫照。

譚詠麟說：「其實挺辛苦的，一般人受不了。唯有努力去適應，教自己看開一點。」

飛機餐也令人期待

「看開一點」，這話說易行難，譚詠麟的獨門秘方是：找出不同的角度去看事情。「譬如，一碟菜即使煮得不好，我會吃得出它的新鮮。又譬如，

人家嫌辛苦的事，我會覺得好玩，而且又可以認識很多人。我不傾向把事情看得很灰，因為它們總有好的一面。」

譚詠麟這種樂觀本領，最能體現在「食」這回事上——他甚至連飛機餐都吃得津津有味。只因為你吃的是頭等機艙的大餐吧？他連聲否認：「不不不，經濟艙的也很好吃。」原來他每次跟明星足球隊出埠，大夥兒都一起坐經濟艙，「這是團隊精神」！那些吃遍南北美食的隊友們，全都把飛機餐置之不理，一一打瞌睡去，唯獨譚詠麟依然興致勃勃，期待一會兒派上來的是甚麼。

「最想吃雪糕，哈哈哈！」說罷，他還熱心地向我們推介飛機上的其他好味道。

片場上的拼命時刻

一九八三年拍《君子好逑》，譚詠麟在灣仔一個停車場裡被大隻佬倒著抓。拍完了，導演林嶺東說OK，不過最好再來一個。譚詠麟曾經抗議：「哇，你看看他們（大隻佬）都很累了。」但林嶺東說不要緊，再來。

但大隻佬確實累壞了，其中一個在拍攝途中絆腳，雖然半跌下來，但仍然不敢放手，結果把譚詠麟拖行地上，「我的鼻子斷成碎骨，一隻牙崩了，也磨傷了頭和膝蓋。」

一臉血的譚詠麟在盛怒中發難：「林嶺東你給我出來，你在哪裡?!」林嶺東趕快躲起來了。「還好那次他沒出來，不然一定被我打死。」譚詠麟當年練拳。最後他縫了五針，並加裝牙套，「那是我全身唯一一件假的東西」。

那不是譚詠麟唯一一次在片場受傷。拍《少爺威威》時，他和黑豹做對手戲。同樣的戲碼照樣上演——導演說鏡頭OK，但最好多來一個，然後意外便來了。那次譚詠麟伸手去摸據說很馴的黑豹，隨即被抓出四個洞，要不是馴獸師立即在牠口中塞入棍子，譚詠麟也許會提前成為「永恆的傳奇」。

這真是拿命來拼搏的，為甚麼？「因為自己也希望親力親為，做得到就做。而且在那個年頭，電影業的安全意識非常薄弱。」

激動一刻：
宣佈不拿獎

時間是一九八八年二月十三日，現場是第十屆十大中文金曲頒獎音樂會，地點是香港體育館（紅館）男更衣室。在開騷前十分鐘，這裡有三個男人哭了。

「我說，我將會在接下來的節目宣佈不再拿獎，我認為這個時候做這件事是正確的。他們聽完，先是發呆，然後哭成淚人，是很文藝片的那種哭法……嘿嘿。我沒哭，但眼濕濕。」譚詠麟說。

「他保密到最後一刻才對我說，可能是擔心拗不贏我。校長（譚詠麟的外號）這人一向笑口噬噬，但說完後眼眶都紅了。我只問一句『為甚麼？』他答『不想太辛苦。』我說你喜歡便可以。但那刻心裡有很多結解不開，為甚麼？是因為我們做得不夠好？還是有人傷害到校長？」經理人兼公司合夥人張國忠說。

「我很 shocked（震驚），那時我們未有正式接班人，未有一個人真正能上到他那個位置。覺得慘啦，未來該怎樣應付？」「御用監製」關維麟說。

從台灣回港的七個年頭裡，譚詠麟聲勢如虹——合共獲得廿五首「中文歌曲龍虎榜」冠軍曲目、十一首「十大中文金曲」、十二首「十大勁歌金曲」、第八至十屆十大中文金曲「IFPI 大獎」及第十一屆十大中文金曲「全年銷量冠軍大獎」、連續四次蟬聯十大勁歌金曲「最受歡迎男歌手」獎。他成為八十年代香港樂壇最炙手可熱的男歌手，獲獎之多，甚至不得不拒絕一些。

推辭得最多的一次，莫過於一九八四年的第一屆十大勁歌金曲頒獎典禮。當年在會計師樓開票後，專業投票部分顯示八首得票率最高的，都是譚氏情歌；至於觀眾投票部分更誇張，譚氏情歌穩佔首十四位。譚詠麟記得：「有一晚，幾個電視台高層三更半夜上我家，提議不如索性弄一個個人演唱會。但我們覺得這樣太過分也不健康，最後協議我拿三首金曲獎。不過把其他獎項都算進去後，原來也有八個。」

張國忠憶述，「得獎太多的話，反而令真的頒獎禮看起來變假了。」那些年，他還推掉很多不是真心誠意的獎項，「我們清楚當中界限，如果以獎項為名要求校長幫這幫那的，一定不行。」

白熱化的樂壇競爭

只是張國忠從沒想過，原來譚詠麟不只是想推掉「一些獎項」，他是要推掉「所有獎項」。

一九八四年張國忠與譚詠麟在新加坡留影

一九八六年演唱會慶功，譚詠麟身後的全是幕後功臣。

那是樂壇競爭白熱化、一到頒獎禮大家便乖乖回家開電視的年代。
一九八四年，張國榮以一曲《Monica》掀起青春激情的舞曲潮流，而大
碟《Leslie》亦一舉奪得四白金銷量，支持度冒升的速度驚人。接著幾年的
頒獎禮非常好看，因為兩位天皇巨星在獎項上咬得很緊，要不是你進我退
便是我進你退，總是叫觀眾屏息期待。重要獎項花落誰家，常常成為兩派
歌迷的對罵材料，他們壁壘分明，敵我氣氛從頒獎台下蔓延到課室和球場。
這種競爭無疑令人累，但譚詠麟說，令他燃起不拿獎念頭的，卻是另一位
男歌手的話。

「某次演出，我在更衣室看到一班人，打完招呼便轉身。他們以為我走了，
沒想到我還聽得見。那歌手是這樣説的：『唉，今年又是他的了……我們年
年都是來陪襯的。』語氣裡都是氣餒。」譚詠麟説：「我離開更衣室後，不
斷咀嚼那些話。我知道，如果繼續拿獎，以我的勤力程度，那三、五年間
的形勢都不會大變，其他人很難上位。然後我開始想，這可會是合適的抽
身時機？從此不再拿音樂上的獎項？」

譚詠麟思前想後整整一個月。終於來到那年的最後一個頒獎禮，他心意已
決，開騷前喚了兩個人來：一個是經理人兼一起打拼藝能娛樂公司的張國
忠；另一個是寶麗金唱片公司香港區經理，也是他多年的唱片監製關維麟。
譚詠麟劈頭便説：「今日我要説的話，希望兩位聽完後不要勸我，因為我
不是一時衝動，也不是受到打擊，對我來説，這些都不是最重要的……」
十分鐘之後，他丟下兩個淚崩的男人，走上頒獎台。

「最大的獎　是你們的掌聲」

那晚在紅館的舞台上，身穿灰黑色大衣的譚詠麟神色凝重，在領過「IFPI大獎」後，便開始發表他的不領獎感言。他顯得有點緊張，不時伸手摸摸額角，有時又用另一隻手緊握拿米高峰的手，但他畢竟一字一句，把話慢慢說出來了——

「……我決定了不再參加任何有音樂和歌曲比賽的節目，這不代表我退休……因為我捨不得你們，你們亦沒有那麼快要我退休……這幾年，所有獎項對我來說都是重要的，但可能對另一些人、一些新人更重要。所以在未來的日子，我希望香港樂壇有更多新人、新歌、新事、新的衝擊，也希望你們和我的心情一樣，在未來的日子了解我、亦諒解我……你們給我的獎、最大的一個獎，不是任何一個獎項，而是你們日後繼續支持我的掌聲和鼓勵，那便夠了。而這些獎，我會永遠永遠放在心裡。多謝！」在一曲《無言感激》後，他深深地向觀眾鞠躬。

當年在一個暑假連拼八個音樂比賽的小子，大概想穿腦袋也不會想到，二十二年後，自己會站在每個歌手都夢寐以求的頒獎台上，宣佈從此不領受任何音樂獎項。

台下的反應時而靜默，時而激烈叫喊。重溫當年的錄像，台下呼聲很多都不可辨，唯獨一句「唔好離開我們啊！」來得特別清晰，幾乎是和著哭聲

在一九八八年的十大中文金曲頒獎典禮上，
譚詠麟宣佈不再接受音樂獎項。

喊叫出來的。譚詠麟當年這番話，教很多歌迷掉淚了。台上的他全都看在眼裡、聽入耳裡。

「其實我知道歌迷會很辛苦。每年他們拼命追趕，希望自己支持的歌手得到認同和肯定，得獎是很高興的事情。自此之後，我怕他們都沒有目標了，所以說得明明白白，自己會用時間來告訴大家，沒有獎項掣肘的譚詠麟，能作出更多不同的嘗試，這其實是好事。」

他後來才知道，激動的不只是現場觀眾，還有在街上、在屋邨裡收看節目的人。轉播頒獎禮的無綫電視整晚收到電話，觀眾追問這個消息是不是真的？會不會是個玩笑？

這也不僅是譚詠麟和歌迷之間的事而已。「鎮山之寶」退出頒獎禮，唱片公司和經理人公司的藝人發展方針都要跟著調整。張國忠說：「在那個年代，我們本來是不用爭取的，因為所有東西都來了，只有『退貨』（推辭獎項）這回事。在那以後，公司要培植另一些人來接班，藉他們來為其他新人作出爭取。」

爭取獎項也曾經是張國忠的壓力，但他在不同階段經歷不同的心態轉變：「作為經理人，旗下有這樣厲害的歌手，卻竟然拿不到獎的話，即是我們辦事不力，是壓力來的。可是到了某個階段，這些壓力不存在了，因為該拿的大獎，他都已經拿下。我們變得輕描淡寫，常常對人說：你覺得他

OK 就給他獎，不 OK 便不給好了。校長夫復何求？」

話雖如此，但張國忠還是花了好些時間，才能消化譚詠麟不拿獎項這決定。最後得出的結論是：支持。「現在回頭想，這個決定很聰明，對他和樂壇都是好事。而我也放下一個大擔子，不須再花很多時間來應酬他們（頒獎媒體）。我們思考日後發展的框架也不同了，變得海闊天空。譬如說，從前為一個台做一件事時，會擔心另一個台會不喜歡，現在不必了。昂首闊步，想做便做，不想做便不做，怕誰？」

譚詠麟昂首闊步了。他作出很多新嘗試，包括弄了幾張「自己很高興，但樂迷未必很喜歡」的唱片，譬如《愛情故事》（1992），當中一半是對白，一半是歌曲，有點類似後來的劇場版歌曲；翌年他以同樣的模式製作《情心義膽》（1993），以卡邦故事為大碟架構。但《情心義膽》只破白金銷量，成為他自《反斗星》（1979）以來銷情最差的大碟，甚至稱得上是「滑鐵盧」。但這無損譚詠麟對它的鍾愛，「這隻碟裡，每首歌都有它的故事，可以串成一齣舞台劇，但那個年頭沒有人接受得到。」這專輯全部改編自三、四十年代的歐美歌曲，以爵士樂為主。

但重要的是，譚詠麟放輕鬆了，「我不需要再用獎項來論成敗，可以放手去試，這當然有得有失。而公司一直是支持我的，到那一刻也沒計較甚麼，反正之前替他們賺了這麼多錢，怎樣也蝕不完，嘿嘿……」

這種自嘲也許出於謙虛。事實上，許多耳熟能詳的譚氏情歌，如《水中花》、《情憑誰來定錯對》、《半夢半醒》、《你知我知》、《一生中最愛》……都是譚詠麟宣佈不拿獎以後陸續推出的。

至於譚詠麟和張國榮相繼退下頒獎禮後，騰出的虛位很快便由四位男歌手補上了──當中包括在更衣室說喪氣話的那位嗎？譚詠麟打哈哈說：「當然不會告訴你」，然後忍不住補充，那位男歌手後來很有成就，「但這機會不是我送他的，是他自己爭取回來的。」

既生瑜，何生亮？

譚詠麟和張國榮之爭是八十年代的大事情。自從譚詠麟宣佈棄獎後，張國榮獨步男歌手天下，在一九八八至一九八九年這兩年間，同時奪得十大勁歌金曲「最受歡迎男歌星」和「叱咤樂壇男歌手金獎」。但他也意興闌珊了，一九八九年急流勇退，舉行三十三場音樂會宣佈退出歌壇。

有一個說法：譚詠麟因為張國榮而棄獎，但這個決定成為張國榮一生的痛，因為他從此失卻在頒獎禮上追過譚詠麟的機會，有人甚至認定這是張國榮害抑鬱症的開端。

「當然沒關係，完全捕風捉影。我私底下和哥哥（張國榮的暱稱）是朋友，只不過歌迷那時很年輕，傳媒又喜歡對立……」譚詠麟耍手擰頭說。但「金曲之父」張文新分享一件往事，原來二人分別棄獎和退出後多年，張國榮曾經回頭問他：「新哥，為甚麼電台錫阿倫多些？是不是我的歌不夠好？」他一直把事情放在心頭。

「他是追求完美的人。其實做藝人都要有這個特質，不過如果太過了，會難為自己。」譚詠麟說。

二〇〇三年，張國榮透過共同朋友約譚詠麟和陳百祥見面，就在他家下午茶。譚詠麟憶述：「他說他打算裝修，有些魚兒要寄存別處。我說這最簡單，因為我送了一個魚池給阿叻，放他那裡，甚麼時候要便取回。然後我們嘻嘻哈哈談了一個下午。」就在那個下午，從前的追趕比拼榮耀失望淚滴汗水和歡呼，通通退場。

只是沒想到，三星期後，張國榮連自己都退場了——直接從文華東方酒店廿四樓的健身中心一躍而下。

細細聲一刻：
大球場演唱會

一九九四年，在新簇簇的香港大球場上，四萬雙眼睛聚焦譚詠麟，可是四萬對耳朵卻不一定
都聽到他──尤其是「山頂上的朋友」，因為新添價值千餘萬元的音響系統，只輸出了8%
的功率。

場館很大，聲音很細，自己很小。對於觀眾反應，譚詠麟有最壞的心理準備，只是千算萬算，
沒料到觀眾那麼可愛──如果耳畔沒有歌聲便自己唱，或者玩玩人浪也不錯。

「每晚我都想哭，一站上台就想哭。感動得不得了。」

這是已載入香港歷史的「細細聲演唱會」。

本來是很令人高興的事,事實上,當初譚詠麟一聽到可以在翻新後的大球場開演唱會,感到非常興奮。用張國忠的說法,譚詠麟在紅館演出多年,差不多連每口螺絲釘的位置都知道了,如何在老地方演出新鮮感,殊不容易,難得香港有新場地,還是露天的,「換個新地方,我們也可以有不同的思考模式。」

香港大球場在一九九四年翻新完畢,可以容納的觀眾從二萬八千個增至四萬個,當年負責項目的市政局銳意開拓演唱會市場,首炮便是「譚詠麟94純金曲演唱會」,三場共十二萬張門票四天內賣得一張不剩。可是開騷前一個月才陸續傳出消息,指政府可能會因噪音問題禁制演出。

「愈接近(開騷的日子)便愈多傳媒追訪,最後那個星期,我天天要面對三百至五百個中外記者,只能回答他們『看事態發展』、『未知道』和『Sorry』,因為我每一日聽回來的消息都不一樣。」

「我當然很想做好它,但也想過不如不做,乾脆賠雙倍價錢勸觀眾回家,但原來不行。政府官員之間也有爭議,有些說一定要停,有些怕引發暴動擔當不起,沒有人敢揹這黑鍋。然後有人說先試試看。」譚詠麟說:「我真的感到壓力,左右做人難。」

張耀榮：「要拉先拉我！」

結果還是開騷了，壓力亦升到頂點，「第一晚未開場，環保署官員和警察便來了，拿著分貝儀老說不行，分貝一過便要脅立即停電，要拉要鎖似的。還好有張耀榮和張國忠這『雙張』在控制室撐住。」

演唱會監製陳永鎬那時正正在控制室內，「老闆（張耀榮）在那邊説，『Peter（陳永鎬的洋名）你不用理他，如果他拉你坐監，我和你一起去！』」説到這裡，陳永鎬嘿嘿地笑了起來：「我説，又不用那麼誇張，不過這樣也好，你先去，我做完騷再跟著來！」

陳永鎬低沉沙啞的描述，為這樁舊事添了一股豪邁的江湖氣，彷彿他們所經歷的，不只是一場演唱會。

「其實開騷前，他們已經不斷叫我們提醒阿倫安撫觀眾，不要讓他們太大聲太興奮。我説，你要阿倫叫觀眾冷靜，又不讓人們聽到他的聲音，好矛盾喎。你做治安部隊的，一定知道 crowd control（群眾控制）最棘手，外邊四萬人，要是連阿倫説的話也聽不到，隨時起哄，那時可不關我們的事。」

陳永鎬説：「這樣他們才死死地氣，讓我們開（擴音系統）。」

這次大球場演唱會已經載入香港歷史了

「大家今晚呢⋯⋯不要玩得太開心！」

台上歌舞昇平，後台如箭在弦。張國忠說自己差不多幾天沒睡，日日帶著三個律師在場候命，「等警察來拉」。我問陳永鎬，那你有甚麼最壞打算？這位堪稱演唱會老行尊的監製哈哈大笑，「我也不知甚麼是最壞打算，走人罷了？」但稍一正式，他又說：「不過我們對譚生的歌迷有信心，最重要是明白發生甚麼事。那幾天新聞一直在報，他們應該心中有數。」

終於開場。譚詠麟一身白色西服站在哥爾夫球車後，緩緩駛進草地中央的四面台，觀眾不斷拍打手上的熒光棒，氣氛熱烈。兩首快歌唱完後，譚詠麟站在台中央，語帶調侃，格外溫柔地說：「我轉達他們（環保署官員）的話給大家知，他們說，希望今晚大家玩得呢⋯⋯不要太開心。」台下噓聲震天。他旋即換回平時的聲調，爽快地接著說下去：「這樣我就說了我要說的話，大家做不做便自己揸主意了！」噓聲換成掌聲如雷，這一刻的音量，毫無疑問應該超過環保署規定的六十五分貝上限（對，那規定把觀眾的人聲一併算進去，不單止是台上輸出的音響）。

為了適應這次戶外演出，製作單位特地從歐洲進口音響系統，還從日本請來兩位音響師，設計電腦程式來調控現場的聲音質量。但這些好東西最後形同虛設，因為擴音系統只能開到8％功率左右，而且只在講話時大一點，待音樂響起又要調校得小一些。坐台前的觀眾比較投入，因為他們聽得到舞台上監控音頻系統的回聲——那個系統本來只為台上的表演者而設，目

的是讓他們知道演出聲效。

說了這麼多背景，無非想說明：雖然我們在錄像中看到台下彷彿和譚詠麟互動得很好，但四萬名觀眾裡的很多人，其實根本聽不清歌聲。

譚詠麟帶點誇張和喜感來演繹那個情景：「我們細聲到……大球場外面的人可能根本不知道有幾萬人坐在裡面。走過街上你會好奇，咦，為甚麼這麼多的士走來走去？在開騷嗎？」

嘴上輕鬆，心中其實五味雜陳，「覺得很委屈，我們為演唱會準備了這麼多，卻沒派上用場。又覺得很對不起觀眾，有很重很重的歉意。他們花幾百元入場，只看到小小的人影在台上跑來跑去。」誠然，譚詠麟差不多一半時間都在跑——滿頭大汗從台的這邊跑到那邊，又從台的那邊跑回這邊，加大力度演出所有肢體動作，像要借用身體語言來為「細細聲演出」作出補償。

「那時如果被人『踩台』的話，我心甘命抵，已經預備好會發生任何事情了。但他們竟然沒那樣做，完全沒有。」

四萬個自得其樂的觀眾

觀眾雖然聽不到，但照樣歡呼拍掌、揮動熒光棒。後來他問起那些觀眾當

晚是怎樣過的,他們答,反正沒坐過這樣的位子,也未遇過這樣的情景,便當成嘉年華會好了。於是,球場上開大食會的有、玩人浪的有、自己唱歌的有⋯⋯自得其樂。

他笑了:「也許有些分貝就是這樣來的。」

那三個晚上,每次出場前,他的耳畔都是熱烈的歡呼聲。譚詠麟要竭力冷靜自己,不要哭不要亂,「我從來都知道觀眾疼我,可是沒想到,即使境況那麼差,依然有那麼多體諒。他們真的是無條件地支持我。」

「細細聲演唱會」在風風雨雨中來到最後一日,製作單位豁出去了,把音響的播放功率提升到 15%。演唱會一開始,台上的譚詠麟遙向控制室,豎起拇指向上搖,大聲喊道:「Peter,升高些!升高些!包在我身上,不要包在張生(張耀榮)身上啦,張生這麼老拉去坐監不好!」氣氛更沸騰了。

在一曲《講不出再見》下,譚詠麟演藝生涯中最難過但又最感動的一個演唱會,終告落幕。

大球場「細細聲演唱會」翌年,申訴專員公署公佈調查結果,批評行政當局和市政局在處理噪音問題上行政失當,包括在大球場的設計和重建階段,沒充分考慮噪音問題,以及在未有足夠消滅噪音的措施下,容許大球場舉行音樂會。

陳永鎬這樣回顧，「這個演唱會是異數——能在這個場地做演唱會是異數，開始時的混亂是異數，開始了效果卻出奇地好，更是異數。單以製作規模說來，它是劃時代的，但更厲害的是觀眾即使聽不到都非常開心，一直玩到散場。」

大娛樂家的遊樂場

即使後台多艱難、自己感到多委屈、眼前的壓力多大，「虎度門」一過，譚詠麟便是傳播快樂的人。「觀眾是無罪的，如果那一刻你不高興，將不高興帶了出台，他們便無端承受了你的情緒。我認為那是不必要的。」譚詠麟說。

出道四十年，譚詠麟演出的演唱會何其多——單是個人演唱會，在本港已經開了超過二百場，還未算上全球巡迴演唱，以及和其他歌手合作演出的那些。而他在紅磡香港體育館連開三十八場演唱會的紀錄，也一直未被其他歌手打破。

陳永鎬也是那三十八場演唱會的監製，「『彩色／濃情／再續浪漫演唱會』分三個部分，譚詠麟連續做十一、二日後休息一天，緊接著又是另一輪演出。我看到他一直瘦下去，到最後連褲子都差不多不合穿了。在最後幾場拍攝的照片，他像骷髏骨架在一棚排骨上。但他也厲害，不會令你看到他辛苦，在台上一貫活力充沛。要配合他的演出很容易，因為他對音樂的掌

陳永鎬（左）是譚詠麟演唱會的老拍檔

握很專業，對觀眾有自己的分寸，唯獨有時太貪玩。」

這也是譚詠麟對自己的定位：不是音樂家也不是藝術家，而是徹頭徹尾的
Entertainer——我們姑且叫「娛樂家」。至於演唱會，則是娛樂家的遊樂場。

「在台上，你只有你自己，所有焦點都集中在一個人身上，所以更要好好
處理自己的情緒，要不然會把觀眾的情緒也拖下來，之後便很難帶起整個
演唱會的節奏。我快樂，觀眾才能快樂！」譚詠麟說。

有些歌手每次演出都一頭栽進自己的孤清裡，彷彿眼前幾萬人一下子消失
了，又或者全體墮入另一個時空，成為更遙遠的旁觀者。但譚詠麟顯然不
屬於這類。在他的演唱會上，觀眾從來都是其中一個演出元素，他帶動氣
氛的能力很強，而且樂在其中。

「這已經成為品牌了，即使我未出台，觀眾已經有這種期待，待見到我，
哇！整個氣氛點著了！」譚詠麟說得眉飛色舞。

張國忠這樣形容：「如果可以，他會叫齊所有人一起上台玩，他是那種
人……只是我們不讓他這樣做，怕舞台會塌。」

然而互動得多，有時也會為製作帶來難處。譬如來到深情的部分，氣氛易
放難收。又譬如與觀眾講呀笑呀，然後不知自己唱到哪裡去，原本裝在腦

袋裡的歌詞和走位都遺失在觀眾席上了。

有甚麼「蝦碌」未遇過？

有關蝦碌（演出時的出錯），張國忠霸氣地解畫：「校長縱橫舞台多年，經驗那麼多，有甚麼蝦碌未遇過？沒甚麼可以再難倒他的了。」

「有年輕歌手笑校長忘記歌詞，我會說，你的 hit 歌數來數去不足三首，當然記得。但校長的歌，hit 的有幾百隻，不 hit 的也有幾百隻。他今時今日依然站在台上，用字幕機也要為大家唱歌，便是盡能力尊重自己的演出。何況他勇於面對。很多人出錯，一下台便找藉口，但他不會。他會自己舉手⋯⋯」張國忠伸手搔頭裝出譚詠麟的模樣：「嘿，衰咗喺大鑊啦！」

譚詠麟自己也說：「有些歌手出錯後可能不開心幾天、一個星期，甚至很長時間，但是我沒有。已經發生了，還可以怎樣？我就是這樣的啊！」

「其實我是很會原諒自己的⋯⋯哈哈。」

有趣的是，蝦碌差不多已經成為譚詠麟現場演出的標誌了，甚至是娛樂觀眾的一環。「他們（觀眾）喜歡呢⋯⋯覺得這是一種沒有拘束、隨和的風格。如果某天我把歌詞全都唱對了，他們會覺得我沒有演出水準，沒理由沒有的⋯⋯嘿嘿。」

説到後來，他笑得更樂了。

若果把他演出的蝦碌一一寫下，應該會成為一本很能逗人開心的小書，這裡來一點點。

大西洋城「飛甩雞毛」

八十年代初，譚詠麟帶同樂隊到美國大西洋城的賭場演出。由於這是自家樂隊，他可以隨時「洗牌」——即是更改開場曲目。因為樂隊都把他的歌練得滾瓜爛熟了，甚至連譜也不必看。

問題就在於大家太熟絡，渾然忘卻賭場還安排了一班漂亮的舞蹈員伴舞，她們一身彩雀似的裝扮正準備出台。

「那次開場前我忽然想到，有些觀眾連續聽了幾晚會膩，不如我們增加新鮮感，於是臨時把 opening 換作《愛到你發狂》。」

那首歌是這樣唱的——

我愛你愛到發狂發晒狂
我愛你愛你愛你
My Sharona

我愛到我快發狂實發狂

我愛你愛你愛你

My Sharona

即使未聽過這首歌，也能從黃霑的詞大概嗅得到，它的節奏有多快多熱血沸騰。

那些被蒙在鼓裡的「彩雀」，還以為自己負責表演優雅和華麗，冷不防音樂一起，節奏竟然是四拍！「彩雀」們徬徨無助，但已經在舞台中央了——

「她們只能把翅膀不斷的拍呀拍，很瘋很急的，甚至連羽毛都拍得掉了下來，在台上到處飛舞！」這三十年前的舊事，依然教譚詠麟笑彎腰：「那時我忍著笑亂唱一通，但台下好開心，沒有人知道我在笑甚麼。」

那些可憐的「彩雀」最後怎樣辦？「她們多轉兩圈，便非常狼狽地返回後台。毛都脫光了，還不快走？」

愛在深秋的都市戀歌

另一趟，在一九八五年的個人演唱會上，譚詠麟感性地説了一大段話，然後宣佈，「接下來，我要送給大家的是，《愛在深秋》。」他以為燈光會暗、枯樹會長，然後耳畔會響起深情樂章。誰知接下來的恰恰相反，現場燈光

浩浩蕩蕩的發亮，台上還伸出一閃一閃的交通燈和霓虹光管，時代感很強的裝置陸續出台。原來是說好了的《都市戀歌》，它的歌詞這樣寫——

情是遠路　愛的燈號

衝破這擠迫都市

找到理想心上人

再也沒有傷感

「我開始驚了，知道點錯歌。但樂隊不敢逆我意，他們立即跳過《都市戀歌》，直接奏起《愛在深秋》。」

這卻為剛冒出來的「都市」製造了天大的尷尬。那些霓虹燈無奈地閃爍了一會，終於生硬地停了下來，再鬼鬼祟祟的縮回台下去。沒多久，輪到枯樹顫顫巍巍的趕上來。

那次表演現場的台底很窄，譚詠麟隱約聽到台下有很多人走來走去。突然被迫著轉換場景，那種慌亂可以想像。

「蝦碌可以把自己訓練得處變不驚。」譚詠麟說時一臉認真，但最後還是忍不住笑。

打字幕這一行

我們看台前的蝦碌，嘻嘻哈哈很好玩，但後台可會擔驚受怕？

陳永鎬説：「不怕不怕！説個笑話，要是沒有蝦碌，人家會懷疑他不是譚詠麟。其實阿倫的執生技巧已經爐火純青，何況現在還有先進科技可以提醒他。」

那些先進科技，包括能投射歌詞的字幕機。李克勤曾經這樣描述「左麟右李」的十年變化：二〇〇三年第一次演出，台上沒有字幕機這回事；〇四年開始有，但疏落；〇九年，字幕機差不多已經佈下天羅地網了；到了二〇一三年……「雞𡁻咁大隻字」。

字幕機是幾時出現的？誰開的先河？「不記得何時了，但開先河的絕對是我。」譚詠麟語帶自豪：「我是娛樂圈愛迪生，創造了很多就業機會，現在整個『字幕機』行業都歌頌我了。嘿嘿！」

字幕機究竟有沒有形成一個「行業」，很令人懷疑，不過它確實是歌手恩物。

在字幕機出現前，行內會把歌詞和演唱次序等「貼士」寫在麻雀紙上，在表演期間提示歌手。至於譚詠麟口中的發明，説穿了其實是一個駁了電腦的熒幕，可以輸出 PowerPoint 文字。

「可惜快歌不中用，根本來不及看。其實字幕機像平安鐘那樣，是定心丸來的。」譚詠麟説。

開「長氣歌手」先河

娛樂新聞上，間中有歌手在紅館超時演出被罰的消息，令主辦單位隨時在一晚間損失六位數字。為甚麼有這項罰則？始作俑者，原來是譚詠麟。

「在台上我很失控的，是磨爛蓆歌手。正式演出長兩小時，可是 encore 部分可以長達三小時二十五分鐘；最長那次，唱到凌晨一時多。很離譜的。」譚詠麟笑説：「沒辦法，唱極都有。」

紅館訂立罰則後，被罰的歌手包括許冠傑、陳奕迅和五月天等。

訓話時刻：
校長之所以為校長

譚詠麟第一次見梅艷芳，是晨早八時在她的家裡，還是他主動找中間人搭線安排的。他知道這個女孩的歌唱得好，也從報道中聽說她為情所困，傳過自殺。

那天早上，她一臉睡意從房間走出來，還披著睡衣，甫見面便說了一堆奇怪的話，包括夜裡花盆亂飛自己被弄得一夜無眠……諸如此類。

譚詠麟說：「我說我欣賞她的才華，不想她這麼年輕便為兒女私情做傻事，也不希望她不唱歌，這對樂壇絕對是損失。」

原來早在譚詠麟得到「譚校長」外號前，他已經在打「校長」這份工了。

梅艷芳（左）是唯一一個可以進入明星足球隊男更衣室的女生

某次拍戲時，譚詠麟聽到電視傳來一個女孩直接有力的歌聲，那是一九八二年的第一屆新秀歌唱大賽。他心想，唱得不錯呢，不知道最後會得第幾名？待他完成當天的拍攝後，梅艷芳已經憑《風的季節》成為冠軍了。「那以後，很多人不斷告訴我，這個女孩唱歌很好。沒多久她便在樂壇發展得很不錯。」

然後便是梅艷芳受情困的報道，而且愈傳愈糟，「我問她周邊的朋友，可否安排我跟梅艷芳見面，我只想認識她。沒想到一見面她便説那樣奇怪的開場白⋯⋯現在想起來也毛管戙，嘿嘿。」梅艷芳那時的狀態確實有點糟，但這也令譚詠麟對她的真性情留下深刻印象。及後認識愈多，譚詠麟愈喜歡她的豪邁和義氣。

「她是唯一一個可以進入我們明星足球隊男更衣室的女生！」譚詠麟説完笑了起來：「其實沒有人視她為女仔，大家都當她是細佬。」這早逝的傳奇女子，至今依然令人懷念。

話說回頭，那是八十年代初，譚詠麟已經很紅了，而他主動約見樂壇新人——「因為愛才」。

校長之所以為校長

校長之所以為校長，追溯源頭，原來跟他的演唱會大有關係。在一九八四至

八七年這四年間，譚詠麟年年訂下紅館的暑假檔期，每次連開一、二十場，「那些傳媒覺得，演唱會的觀眾把首首歌都唱得琅琅上口，就像校歌，於是開始叫我校長。」那幾年學生放假他開班，是為譚校長的「暑期音樂班」。

當然，這外號後來又被賦予很多意義。譬如說，他從不吝嗇點名稱讚有潛質的新人，又暗地為不少後輩提過意見，包括曾經受委託，靜靜坐在場館觀看某女歌手初出道時的綵排，而她現在已經是天后級數了。這種事情，甚至被拍檔張國忠批評：做得太多。

但譚詠麟這樣解釋：「我不想他們（後輩）行冤枉路，所以分享我做過的、見過的……當然我有我說，最後由他們自己取捨。」

九十年代，本港樂壇冒出四大天王，四個叱咤樂壇的男歌手中，譚詠麟說他幫過三個。好幾次，他開車載張學友回家，在他家樓下聽他抖出心中的疑惑；八八年張學友陷入事業低潮，負面新聞不絕，譚詠麟勸他不要信心動搖。至於黎明則主動找中間人約見譚詠麟，向他請教如何在唱片公司站穩陣腳？日後的演藝路途該怎麼走？譚詠麟摸著酒杯底把自己的分析娓娓道來。

做醜人勸退華仔

還有劉德華——「我曾經可以令華仔在樂壇消失，哈哈哈！」說這話時，譚

詠麟笑得有點得戚有點壞，而這個說法竟然不盡是笑話。某次，歌手們一起到新加坡參與慈善籌款活動，臨行前，經理人公司的夥伴張國忠和李小麟一同「推舉」譚詠麟向劉德華進言。

那時劉德華是藝能旗下藝人，在影圈已經站得很穩了，是片商爭相羅致的男主角，可是唱歌卻剛起步，而且前面已經預見荊棘滿途。「他們叫我勸華仔不要再唱歌，反正唱下去只會被人取笑。有這麼多電影排著隊等著他來拍，何必浪費時間？」譚詠麟笑了：「而我完全不知道怎樣開口。」

但他還是乖乖的做醜人，挑一個晚上，喚劉德華到他的酒店房間。他這樣憶述二人的對話──

譚詠麟：「外邊有幾十部戲等著你拍，其實你根本沒時間在樂壇方面發展，除非你真的很喜歡……你是真的喜歡嗎？」
劉德華：「是真的。」
譚詠麟：「但是你要知道，你先天唱得不是那麼好……有華腔的，哈哈哈……」
劉德華跟著笑了（這時候大概除了笑，也不可能有別的反應吧）。
譚詠麟：「……除非，你很努力。」
劉德華：「你信我吧，我一定會做到的，我會很努力。」

我們向劉德華提起這樁舊事，他笑了：「其實我在一九八五年出第一張唱

劉德華初踏樂壇時，當譚詠麟演唱會嘉賓。

片，三、四年後，基本上全公司都希望我放棄唱歌。」

那時才剛在樂壇起步不久，便被天皇巨星勸退，可會大受打擊？劉德華說：「倒沒有，校長講話的方式很舒服，直接得來不轉彎抹角不過分圓滑。他是替我分析，說如果要參加音樂頒獎禮，便非得參加一定數量的節目才有機會，這是商業運作，但那時我沒有很多時間可以投放在音樂上，他希望我作出取捨。」

然後，他像個好學生似的用力解說：「其實那時我有聽他的。但我也說，每個人都有工餘時間，如果你認為一年拍四部才是專心拍戲，我便拍四部。可是如果有八個鐘頭睡覺的話，我睡四個鐘好了，剩下的用來練歌，總之不影響電影。」

「你讓我堅持吧！」當年的劉德華向譚詠麟這樣請求。

見他這樣有決心，原本被委以勸阻重任的譚詠麟，反過來鼓勵劉德華加油。「他真的很努力，成績有目共睹。因為我自己也非常努力，在娛樂圈，他是唯一一個我也認同是很努力的人。」譚詠麟說。

悲喜自負的娛樂境界

有關譚校長，劉德華還有一個深受啟發的故事──一九九三年，劉德華第

一個個人演唱會首場，觀眾席上，一個孩子為取得從場館空降下來的氣球道具，一不小心掉下梯階。那次演唱會連開二十場，就在尾場當日早上，醫院傳來小孩離世的消息。

當天下午，劉德華召開記者招待會。可以想像，差不多全港報章的記者都來了。他記得，小孩的爸爸媽媽傷心但體諒，媒體也善意地給他空間，但他自己卻幾乎陷入崩潰。距離晚上的演出，只有數小時。

「校長當晚是表演嘉賓，他走來對我說，做藝人便是這樣，開心的、不開心的，都要好好持平，不要太興奮或者太沉鬱影響演出。他說，今晚來看表演的一萬二千人是無罪的，他們不知道你的事情，也不需要為你負責——責任必須由你來負。所以你一定要用最好的狀態做好今晚。」

晚上，劉德華落力歡笑，直至安哥時段唱《絕望的笑容》——

　　紅塵如掩蓋的暗湧

　　流浪在漆黑小鳥可會覺驚恐

　　遙遙預感你身邊有點凍

　　待月滿初秋之際

　　霧正濃跟你再碰

這詞是劉德華自己寫的，唱到這裡他終於哭崩。畢竟撐了兩個半小時。

「校長那幾句話很厲害，支持我撐足全場。他是同行，深知大家面對的壓力，也給了我一個清晰指引。我依然希望，自己能做到他話裡的境界。」

「這個圈子可能有很多藝術家，但若果以娛樂家而言，我到今時今日，未見過有誰超越他。而他比『娛樂家』更大，是『娛樂大家』。」劉德華滿認真地說。

有人嘘他（關楚耀）便圓滿了！

無論在台上抑或在電影裡，譚詠麟大部分時間的形象都是嘻嘻哈哈的，最有前輩威嚴的一次，大概要數「譚詠麟 2010 再度感動演唱會」。那天晚上，譚詠麟向紅館的一萬二千個觀眾說，「每個人都會做錯，做錯之後一定要自己面對和承擔。」接著，他召喚一個戰戰兢兢的年輕人上台。他是關楚耀，譚詠麟的契仔。

關楚耀的爸爸是譚詠麟多年的監製拍檔關維麟，「我答應了他老爸，說如果他真的入娛樂圈，第一年交給我，接下來便要自己承擔。」二〇〇六年，關楚耀推出第一張唱片專輯，同年與契爺合唱《大喊包》；在二〇〇六年度十大勁歌金曲頒獎典禮上，他從契爺手中接過「最受歡迎新人獎——銀獎」。這一切看來都很美好，只是沒料到三年後，他在日本被警方搜出身上藏有大麻，在當地被拘留。

「我和他的老爸，在電話裡不知哭過多少次。」他們一同感受到的，是爸爸的心痛。

「我認識的人比他老爸多，當時就是費盡心力不斷張羅，也拜託了從前日本的經理人和日本演藝人協會會長親自出馬。」這是為了確定他人在異鄉哪一間派出所，可以加衣添食，更重要是提醒他錯要企定，但不要逞英雄攬上不實罪名，令事情變得更糟。可以動用的人際網絡都用盡了？「對，都用盡了，他（關楚耀）自己倒未必知道這些事情。」

關楚耀關押了一個月後，返回香港。校長可曾訓示一番？「他受到這麼大的教訓，應該知道了，多講無謂，再要講便是他自己不懂得思考，而不懂得思考即是沒得救了。其實這件事對他來說有得也有失。失的，當然是很多人對他的支持和信心；得的，卻是經歷了這場風浪這種場面，令他思考更多。」

翌年，他召喚契仔在演唱會上合唱《成功需苦幹》，那是關楚耀在事後第一次面對的大場面，「最好現場有人噓他，有人噓他便圓滿了。」譚詠麟饒有深意地説：「最重要的不是為他挽回甚麼，而是我總不能讓他覺得『哎，又過關』，不想他覺得很容易，所以要他上來再感受一下，在這樣高的台上，這麼多人用這樣的眼光看著，我要他留下一個深刻的印象。因為一個人必須為自己闖下的禍負責，尤其是男人。男人的肩膀要有承擔，我從小見到我老爸便是這樣。」

二〇一〇年演唱會上對關楚耀訓話

但觀眾沒噓。

　　願你去決定你自己嘅事

　　你有你的寄望

　　願你碰到理想　找到希望

　　風總有日停　亦會變方向

　　望遠方　安心奔往

　　只要盡努力

　　盡清去路障

　　成功需苦幹

關楚耀全程像個戰戰兢兢的孩子，帶著哭音唱完整首歌。待音樂息歇，譚詠麟叉腰瞪眼望著他——這少有的嚴肅模樣定格了好幾秒，彷彿被嚇壞的關楚耀説完多謝又多謝。最後校長一句到尾：「不用説，做給人家看。OK，回去吧。」在契爺指令下，契仔乖乖下台。

觀眾一片歡呼聲，非常哄動，台下還有人大喊「好 man 呀！」

譚詠麟繼續皺眉，這趟瞪向觀眾，正色地説：「而家教細路，係辛苦啲。」説完，那道校長的氣勢一洩，便又笑開了。

譚校長的教務會議

譚詠麟有點賣乖地説，他的校長外號還有幾分真，「我真是學校的校長來的」。他在內地和志同道合的朋友辦了幾間孤兒院和學校，在香港也是佛教志蓮中學的校董（一九九八至二〇〇九年十一月）。

他曾經以校董身份參加志蓮中學的教務會議，期間合共發表了三次重要講話，第一次是「早晨！」第二次是「咦，是時候吃東西了呢，要不要休息一下？」第三次是「我先走。」

精警！他尷尷尬尬地笑起來，説：「我沒説出任何有建設性的話……因為他們談特殊教育的學術性話題，我哪裡好意思插嘴啊。」

他耍手擰頭，參與教務會議這種難得榮幸，一次就夠了。

一刻都唔好畀佢停：
左麟右李

健身室內，譚詠麟大汗淋漓仰臥舉鐵，卸下一刻，放空望向天花板，視野裡卻忽然閃入一個
人頭——譚詠麟確實是用「人頭」來形容他的。

「譚生，我來自我介紹，我是你未來的同事。」人頭彬彬有禮。但還在喘氣吁吁的譚詠麟只
夠氣抖出兩個字：「是－嗎？」

「譚生，你覺得今年頒獎禮你會有幾多首金曲入選呢？」這是人頭的第二個問題。

譚詠麟那時以為，他要不是太熱心的歌迷，便是公司新聘回來的信差。只是想穿腦袋也不會
想到，自己有朝一日會和他搭檔，一起開了過百場巡迴演唱會。

後來這個人頭——對不起，是李克勤——以譚詠麟作品《霧之戀》參加一九八五年的「第二屆全港十九區業餘歌唱比賽」，得了冠軍。當天晚上，譚詠麟的媽媽剛巧在家看電視，連忙叫喚兒子：「喂，有人唱《霧之戀》唱得很像你呢！」譚詠麟一看，認出是健身室內的男生。他們亦師亦友的關係，就從那時開始。

「克勤基本上是少爺仔，成長過程中得到太多照顧，令他忽略了很多事情。」據譚詠麟描述，李克勤的「罪狀」包括：（一）大近視常常看不見迎面而來的熟人，易惹誤會；（二）記者訪問，對答一句起兩句止，而且轉頭便想走；（三）歌迷湧來，他不懂得怎樣互動，往往直行直過便算。

如果這樣，他和譚詠麟應該是來自兩個星球的人。筆者與譚詠麟的訪問都安排在餐室進行，差不多每天有人主動上來招呼，然後聊天，主題包括：女兒在哪裡升學、孫兒彈琴練你的金曲、我為你介紹好吃的東西……這些對話的家常和熟絡程度，曾令我誤會那些人是譚詠麟的老相識。待人家離去，譚詠麟告訴我：「不認識的啊！」助手進一步説明，這種互動的頻率基本上是日常的。

這説明了譚詠麟為何一直是歌迷寵兒，而李克勤出道不久就被貼上「大牌」標籤。對於一個明星的演藝生涯來説，這個分別足以「致命」。

譚詠麟很早就點名李克勤為樂壇接班人（雖然他後來澄清自己只是隨口

説説而已），對他的表現非常著緊。李克勤説，要是校長看到他在訪問或節目的表現，覺得有話要説，翌日早上八時便來電話。「不是的」，譚詠麟糾正：「早上六時也試過。」然後他會在電話裡認真分析：你這個説法容易惹人誤會、那個表達方式可以再好一點。

「我是很麻煩的，要是我當他是自己人呢，就不會拘泥這些（時間）；如果不熟，我才會先想想對方是否還未睡醒。」所以晨早接到譚詠麟電話的話，該當高興嗎？他連聲説是，然後笑得一臉得意。

「有一堆人在我面前聲討過他（李克勤）。」聲討？「對，是聲討，那你知道有多大件事了，嘿嘿。我把那些編輯記者約出來消夜，嘗試拆解這個結，我對他們説：『你信我吧，我不會看錯人的。』説過無數好話，代飲也不知多少次了。」

演唱會的一半空凳

一九九五年，李克勤出道十年後陷入事業低谷，十場演唱會票房欠佳，最差一場入座率不足四成。

譚詠麟是那次演唱會的嘉賓。他事前已聽説門票只賣出三分之二，哪知到場後一看，卻發現空置座位有一半那麼多，而且都集中在中間位置，「哇，人們真的不來呢！」他倒抽一口涼氣。

後來李克勤這樣憶述當時的難受：你拍了一部不賣座的電影，不必天天到戲院看空凳。可是一個不賣座的演唱會，對歌手卻是一場接一場的傷，因為即使明知滿場空凳，你依然要一次接一次的站到台上面對。

譚詠麟說：「那次我在台上告訴他，做人一定有起起落落，要用自己的實力、時間和精力把觀眾抓回來，不要緊的。甚至乎，要令今天在台下噓你的人，第二天回到這裡站起來為你拍手，才是真英雄。」

那一刻，可曾為李克勤擔心？「不會，我信得過他，只要信念沒消失就無問題。」

而他沒看錯人，李克勤只是需要多一點點時間。從二〇〇二年起，李克勤步入豐收期，打後數年間獲得二〇〇二、〇三及〇五年度十大勁歌金曲頒獎典禮「最受歡迎男歌星」、二〇〇三年度叱咤樂壇流行榜頒獎典禮「叱咤樂壇我最喜愛的男歌手」、二〇〇四年度十大中文金曲頒獎音樂會「最優秀流行男歌手大獎」。

組合從誤會開始

至於譚詠麟和李克勤成為組合，卻由一個誤會開始。

二〇〇二年，譚詠麟的「港樂 · AlanLive 2002」和李克勤的「情情塔塔演

唱會」決定加場，經理人公司安排他們在同一個記者會上宣佈，但有記者
誤會以為他們即將合作，據説還「興奮了一個早上」。

這是一個很有建設性的誤會。

「我想，也無不可呢……」譚詠麟説：「兩個不同的個體，加起來會有新
火花。」當初大家心裡還有問號，擔心觀眾會不會接受？趁著電視台辦一
個大型節目的機會，他倆牛刀小試合作演出，竟然得到很好的反應，「門
票還未開售，訂票的電話就不斷來了。」

也不是隨隨便便把兩個人放在一起，觀眾便會受落。這兩個人必須得到觀
眾認同，包括歌藝是否合拍、擦出來的火花是否好看、整體感覺令人舒
服……化學作用是一種説不清的神奇。

而這個特殊的男子組合，旋即成為樂壇奇葩。

「不特殊啊，你看看 Mr. 呀那些，都是男子組合……」譚詠麟道。
人家確實是男子組合，但幾位都是同代人……（我承認自己説時有點膽怯）
「呵呵……我們的確有代溝，我二十五歲，而他三十五歲的樣子。」譚詠麟
「實事求是」地回答。

一鬆一緊撞足十年

而這火花可不是撞一次便完。「左麟右李」撞完一次又一次，還撞到台灣、內地、澳門、東南亞、澳洲、美國和加拿大……十年之後依然在撞。

不是每個歌手都喜歡被人放在一起的，尤其是有相當分量的那些。有記者問譚詠麟，為甚麼要這樣幫李克勤？「我看得很輕鬆，何況自己也有得著，因為又回到年輕人的世界，變成另一個身份演出。我像海綿，會吸收好的東西。」譚詠麟說。

開始時，李克勤戰戰兢兢。能與少年時的偶像成為組合，一起在台上演出，是非常夢幻的事情（從前李克勤睡房裡貼的都是譚詠麟海報）。更夢幻的，是這位偶像原來不喜歡綵排。

偶像說：「心中有數便可以，因為我喜歡第一個感覺，那是很有趣的東西，排多了反而不好玩。但克勤不行，他很怕常常轉對白和方向、不按章做事、突然間不知多了甚麼出來……」譚詠麟說，認真的克勤最後還是適應了，然後整個人開心了很多。說時，譚校長點著頭一副嘉許的模樣。

這是一凹一凸的搭配。李克勤說，「在合作過程中，他常常說『不用這樣的……放鬆點……不用緊張……沒事的』，而我則在做相反的角色，叨嘮兼吹毛求疵。」

二〇〇九年左麟右李演唱會，他們以「大隻佬」身段示人。

但李克勤不忘替譚詠麟辯護，「全香港做演唱會經驗最豐富的人，一定是他。他非常聰明，清楚知道觀眾對他的底線在哪裡，也知道觀眾希望在他身上找到甚麼。別的歌手如果唱錯歌詞、跳錯舞，或者略為心廣體胖，人們可能完全不能接受。但他得天獨厚，這些東西發生在他身上，甚至會變得可愛。買票入場的，一定知道這些已經成為 gag 位和套餐的一部分了。」

鬥心一直都在！

在李克勤眼裡，譚詠麟的鬥心一直都在。

在二〇〇九年演唱會的籌備會議上，李克勤提議大家把自己操練成筋肉人，「其實每次『左麟右李』開騷，除了交換唱經典歌曲外，我們都希望給觀眾驚喜。那次我提出練大隻時，譚詠麟想也不想便說，『好啊！你那麼想玩，我便陪你！』」

「這是唯一一次，我覺得對不起他。」李克勤認真地歉疚。

開會時說得輕巧，是因為在他們的想像中，「練大隻」只需要參加一間纖體公司的計劃，每天花兩、三個小時「做機」，完成後便會煥然一新，堪稱「無痛操練」。但原來這個世界沒有那樣便宜的事。

他們經歷了三個月的「地獄式訓練」，對譚詠麟來說，當中最大的懲罰是

戒口——別忘了他的外號叫「新派掃食者」和「食物焚化爐」（説起來，他的外號還真不少），傳説總能把眼前堆積如山的食物一掃而空。

「為了有始有終，他苦苦堅持。到了後期，不能吃含碳水化合物的食物，他變得暴躁了。他的朋友飯局何其多，有一次大夥兒又外出吃飯，他問我：『喂，吃一匙粥可以嗎？』每逢想起，我便覺得罪過，真的很可憐。」李克勤説。

但即使如此，譚詠麟還是沒有放棄，「他認真起來時，是很認真的，這跟他在球場上的表現一樣。譚詠麟與阿叻的最大分別是，如果大家都要達到同一個目的，阿叻會耍手段，但校長會盡自己的能力做好。」抱歉這令陳百祥躺著也中槍了，但李克勤提出的對比，非常形象化。

在二〇〇九年的演唱會上，二人終於以「大隻佬」身段，光榮地站上台。譚詠麟的體會是：沒有東西是不可能的，事在人為——只要不必表演跳舞便可以了。這位八十年代天皇巨星的肢體協調能力，無論是台上的舞姿抑或是電影動作戲，一直都得不到推崇。但言猶在耳，在下一回二〇一三年的「左麟右李十週年演唱會」上，譚詠麟和李克勤竟然勁歌熱舞連跳十多分鐘。

「真不知道是怎麼搞的，又不是跳得好，嘿嘿……」譚詠麟嘀咕著。

對於製造驚喜這回事，「左麟右李」似乎未有底線。

二〇一三年左麟右李十週年演唱會，
譚詠麟勁歌熱舞，展示其運動細胞。

歡樂今宵式演唱會

譚詠麟的經理人兼拍檔張國忠説，「左麟右李」這系列演唱會，和譚詠麟或李克勤的個人演唱會有一個重要差別——「個人演唱會一定有個人演唱會的界線，但當兩個人走在一起的話，彈性反而增大，想怎樣玩都行。或者説，『左麟右李』有點像歡樂今宵，最大的目標是為觀眾帶來歡樂。」

二〇〇三年，「左麟右李演唱會」宣佈加場，哪知碰上沙士和張國榮自殺，香港先陷入全民恐慌，接下來是全民抑鬱。那次譚詠麟用這句話作為演唱會的開場白：「歡迎大家，這是一個『唔戴罩』（不戴口罩）的演唱會！」

那以後這個組合舉辦的演唱會，彷彿都滲進一點為香港打氣的味兒，「每次香港發生了不開心的事，有些人便會想起我們。」譚詠麟説。

李克勤用「雲吞麵」來形容「左麟右李」（後來他們索性用這名號合營雲吞麵店），因為「平靚正，大件夾抵食。」二人的金曲加起來一大籮，每次開演唱會都要在裡頭大挑特挑，內容充實是必然的，但它似乎還有一點別的甚麼。

「因為觀眾看著我們長大，知道兩個人之間的感情是真實而立體的，不止於建立在這系列的演唱會上。」李克勤説。

收徒弟不收徒弟？

八十年代，梅艷芳最落力收徒。今日
人雖然去了，但很多徒兒繼續在台上
發光發亮。

至於譚詠麟，一提到收徒便耍手擰
頭，「因為收徒弟要負很多責任，他
將來的生活、他的前途、他在娛樂圈
的發展、他做人的修為、他的待人處
事……我認為這些通通跟師傅有關。
這許許多多事情，我當然不肯。」

而他和克勤之間，也不能用師徒二字
概之。「我們的關係很複雜，呵呵……
在寶麗金是同事、球場上是隊友、
又是生意夥伴、又是別人眼中的師徒，
很多東西混雜在一起，每一樣都有一
些。」

譚詠麟的八十歲後……

「只要感受到他們依然需要我，我便唱……」當日臨急上陣參加音樂比賽的小子，一晃眼在
這圈中走過四十年，有關「廿五歲」、「娛樂圈」、「際遇」、「巨星時代」…… 這些關鍵詞，
他有何體會？

問：作者
譚：譚詠麟

問：你有一首歌叫《八十歲後》，你真的會唱到八十歲嗎？

譚：我唱下去的動力來自歌迷，只要感受到他們依然需要我，我便唱。待一天再沒這種感覺，我可能會躲起來，把中間的時間跳過去，八十歲再出來唱——因為我答應過歌迷。這是我一廂情願的承諾，做得到做不到是未知數。但這可不是單方面的，希望歌迷也有力來聽我唱，別推著輪椅來，哈哈。會不會累？踢完球不就累了。

心態上的累，我倒從來沒有。我也覺得自己厲害，怎麼可能？但就是這樣。這行業是很有趣的，各種東西千奇百怪，同一首歌同一個表演，即使重複也會帶來不同反應。所以我找到終身職業了，雖然開始的時候並不知道，哈哈。

也有很多人問我，都上岸了，為甚麼還唱？其實廿年卅年前我已經上岸，因為我的生活要求——吃在路邊檔、嗜好是穿波鞋踢球——都不用花大錢，開開心心又一日。但賺回來的錢裡頭有血有汗，這我是引以為傲的。雖然只是數字。

問：譚詠麟年年廿五歲這說法街知巷聞，它是怎來的？對你來說，歲月的意義是甚麼？

譚：當年我是隨口說說的，至於為甚麼挑廿五，我是想，那時剛出來做事，讀完書無牽無掛，當然是最好的黃金歲月。後來因為我常常拿來說，人們便入腦了，而且發覺在自己身上也管用。譬如，「譚詠麟廿五歲，那我當然是廿三了。」男男女女都這樣說，大家都厚顏無恥，哈哈哈。

至於歲月的意義，雖然我的精神體力比同齡人優勝，可是始終有累的時候。我們有一個「自信會」，我、阿

叻,還有一班朋友,每朝起牀便告訴自己今年廿五歲,自我催眠才出街。最重要是自己怎樣看。

如果説歲月帶來甚麼,那就一定是生活體會和經驗吧,都成為人生資本了。

問:在娛樂圈屹立四十年,你的生存之道是甚麼?怎樣看娛樂圈這回事?

譚:娛樂圈有很多際遇,不光是唱得好便行。除了本身功夫,對音樂有熱誠有堅持,也要對周圍音樂的轉變敏感,知道人家喜歡你的是甚麼。人際關係非常重要,我一天到晚都覺得娛樂圈是「人氹人」的地方,人在人情在,很多東西非親力親為不可,要互相給面子的。

現在的明星都有一大堆人跟出跟入,我不太認同。太多好聽的話會令人飄飄然,容易做錯決定,分辨真假需要個人修為。我倒沒試過飄飄然,因為老以為名氣像過眼雲煙──只是不知道為甚麼這煙一飄幾十年,哈哈。

娛樂圈的藝人是海鮮來的,任何時候都不知道自己是甚麼價錢。如果你經常叫到價、有市場價值,那是很難得的,就盡量珍惜吧!雖然捱更抵夜無覺好瞓。這也只在娛樂圈發生,因為所有東西都只有很短的時間去學,甚麼事情都覺得能夠克服。要表演舞劍就上幾天課,拍戲要打拳的話,跟師傅學完十日八日便要懂。那是藝人獨有的鬥心。

在圈中有沒有對手?我從不把任何人當作對手,娛樂圈這麼大,一個人不可能全部吃光。你有你的潛力、你的成功因素、你的市場、你的地位,一起分享,怎能獨佔?而當一個人不想獨佔的話,很多東西他就不需要爭。至於有沒有人當我是對手?這個我就不知道了,順理成章應該有的,因為每個人都希望更進一步。如果我能夠成為他們的對手,是我的榮幸。

問:跟你同年代,一些站得很高的藝人都曾飽受壓力之苦。你可曾有感?

譚:壓力是自己給的,不要把每件事情都想得那麼嚴重,學會享受過程,

壓力便減輕。進了這個圈,焦點都在自己身上,就必須有個底,知道事情會怎樣發生,譬如現在流行寫別人的壞事,好事沒人看。至於故意寫壞話的記者,即使我知道是誰,再見亦是朋友,因為他不過是在不同的崗位上。我沒隔夜仇,睡醒就不記得了。何況你不紅的話,根本沒有人寫你,因為沒價值——這話人人會説,但咀嚼得到細味得來的,很難。

有沒有壓力爆煲時?從來沒有。因為我做事時雖然全力以赴,但是做完便放開。我以前拍的戲,上映後都沒時間看,最多看未完成的毛片。很多作品都是近年才看回的,如《愛的逃兵》和《小生怕怕》是打風時留在家裡看重播的……我發現《至尊無上》原來挺好看,難怪當年在韓國是票房冠軍,我每次去韓國都有很多人圍著,哈哈!拍完戲,有好成績是 bonus(額外獎賞),不必太上心。但我愛看戲,有時間的話一星期看四天,一天看三齣戲也試過。我真的有份推動電影事業,現在還有長者票……哈哈哈。

能令自己最開心的人,是自己;令自己最不高興的那個,也是自己。每個人一出生,便朝著一個目標走,看走多久才走到死亡。路途這麼遠,你花了四分三來不開心,多不值!哇,當然不可以,要全部都開心!

問:你怎樣看自己在樂壇上的位置?

譚:我是音樂界的前線工作者,這麼多年一直都是。很多樂評人説我是走鋼線的歌手,因為我夠膽嘗試。當大家還在唱英文歌時,我們(溫拿樂隊)是第一批轉唱廣東歌的,後來阿 Sam(許冠傑)才推出《半斤八両》。《愛到你發狂》也是很新的嘗試,那時廣東歌沒這種節奏。很多人還未知甚麼是卡拉 OK 時,我已經唱《卡拉永遠 OK》。還有甚麼《冬之寒號》啊,一大段「哎呀哎呀哎呀唷……」當時沒有人敢這樣唱的,沒歌詞怎麼唱?但是因為我不想記歌詞……哈哈哈,真厲害!再然後是《你知我知》那些重金屬搖滾。所以我真是很前線的工作者,那是觸覺和一種「未嘗不可」的態度,喜歡嘗試新東西,看看放進廣東歌裡成不成?

沒有東西是不可能的，看你怎樣做和怎樣表達。當然也有觸礁時，《愛情故事》不就觸礁了？那隻碟一半是歌、一半講故事，以為很有趣，但人們嫌歌太少，想不到我們其實在講mood（氣氛）。但我不怕，底子厚沒所謂，有些人可能輸不起。

問：有些人說，樂壇的巨星年代已經過去，你怎樣看？

譚：現在連巨星都不知道自己是不是巨星了，因為很多事情雜亂得沒有焦點，缺了認同感。你回顧一下我們那個年代，女的有徐小鳳、阿梅（梅艷芳）、陳慧嫻、莎莉（葉蒨文）、關淑怡、周慧敏⋯⋯很容易認的。男的有阿Sam、阿Lam（林子祥）、我、哥哥（張國榮）、葉振棠⋯⋯全部獨當一面。你只要扭開收音機，從聲音已經分得出來，現在的歌手聽下去常常不知誰是誰。

我覺得，如果讓一個樂壇重新開始，最容易的便是由band做起。數數香港音樂的改朝換代，每每由樂隊先行。很早期有Lotus，然後是溫拿，之後有Beyond⋯⋯可惜Beyond砰的一聲沒有了。以後我頗看好Mr.，雖然技術不是那麼全面，但是有熱誠，五個人肯付出肯捱，有潛力。我和他們談過很多次了。

為甚麼覺得band有改變樂壇的能量？因為樂隊最能反映當地年輕人心裡想的東西、他們的訴求，最敢

説一是一，用音樂直接説出來。他們年輕不怕輸，畢竟手上沒有東西就不怕輸了，對不對？香港的 band 裡，Dear Jane不錯、RubberBand慢慢找到定位、Mr.⋯⋯還有一隊 KOLOR。我希望香港能搞一個像Woodstock（胡士托）那樣的音樂節，可惜沒有人贊助。

問：你説過兄弟很重要，那麼在你的人生裡，重要的事情是怎樣排位的？

譚：應該這樣説，事業和家庭第一，兄弟和女人第二。這個排位多年來一直未變過⋯⋯其實男人的責任就是揹起頭家，很多時都要肩負很多東西，所以唯有事業行先。女人一定覺得不中聽，有沒有投訴過？我可不知道呢，哈哈哈。（但你唱的都是情歌，你是怎樣投入的？）一樣投入得到，我唱歌像牛的胃，會反芻，把以前吃進去的東西翻出來細味再細味⋯⋯你想深一層便知道了。

問：足球在你的人生佔一個怎樣的位置？

譚：愛足球跟我爸有關，小時候去球場看他和朋友踢球，常常在更衣室聽他們説威水史，覺得很厲害，是英雄！以前放學，都會偷偷抽一個多小時來踢球，所以鞋子很快便破，唯有拿繩子把開了口的鞋頭又綁著，穿上再踢。

以前呢，我一定工作為先，但今時今日我會告訴你，事情別安排在星期二、四晚，除非很嚴重，哈哈——因為我要踢球。我在明星足球隊和晨曦踢球，每次三小時，是唯一不用換走的人，因為他們都知道我恨踢。至於我在球場上的表現？要是你問其他球員一定沒好説話，都是你笑我我笑你的。我們的花名很多，守門員任達華是紙屏風，射大力一點就穿，但光聽名字多厲害！三哥苗僑偉的花名也很有文采，叫無根大樹，風吹就倒，哈哈哈哈！我們有一班人專門負責改歌詞、改花名，像張國強最百厭。然後大夥兒在長途巴士上亂唱，很好玩。我的花名？沒有啊⋯⋯就叫精神

領袖吧，很踏實的。

球場上我甚麼位置都打，從前因為走得快，踢前鋒踢翼。但隨著廿五歲的演變……哈哈哈，轉踢中場，或者後面的清道夫和中堅都可以，即是前中後三線都得。碧咸那種香蕉球？差不多都會的，射手基本功嘛。

問：你是從甚麼時候開始，覺得要花時間在慈善工作上？

譚：由溫拿時代就開始了，幫人不用計年紀的。最初是別人邀請我去看、邀請我去幫，然後我知道自己有這樣的影響力——你們寫一萬字都未必有人關注的情況，原來從我們的口中說出來便變得容易得多。人們聽了我們的話，會回頭去咀嚼你們的文章了解詳情。很多探訪是辛苦的，因為都是沒有人想見的情景。二〇〇八年汶川地震那次，我們去災區醫院探望傷者，小朋友還唱歌安慰人，聽著會哭。聊呀聊，有些人揭開被單給我看，下身都沒有了，被當場割走……

我們去的那次，天天幾百次餘震。樓全歪了，大型建築物都塌下來。是啊，已經是廢墟了。我們根本做不了甚麼，但是心靈支持也很重要。每天早出晚歸，回到酒店三更半夜，吃完杯麵睡不了，呆看電視等最新消息。

之後奧運會開幕，有些人叫我去北京看，我不去，寧願飛到汶川和學生在校園看電視。無論記者寫不寫，我都要去。因為要告訴他們，我們沒忘記，這是一種鼓舞。我覺得學生們真好，山區又雪災又地震，天災人禍那麼多，他們還懂得自我減壓，可能自幼已經有這種訓練：凡事靠自己，而且無論發生甚麼事，日子一樣要過。

其實明星足球隊也做了很多慈善，到不同地方踢球籌款建醫院建學校。一九九五年，我在球場受傷，左腳腳掌整隻屈曲向後，動不了。那段日子天天看跌打，即使一條短短的橫街馬路，也要慢慢的行好幾分鐘，很阻人。某次有車子停下，司機走下來揹我過去。我問為甚麼？他說：「因為你也常常幫人。」

原來好心真是有好報的。

問：你最希望讀者透過這本書讀到甚麼？

譚：最希望讀者知道我過去幾十年的故事和遭遇，了解我的心態。其實我很想講——特別是對新入行的年輕人講——千萬不要怕「蝕底」。人生往往只有幾個重要機遇，但只要好好把握，加上努力和際遇，是可以成大功的，這個千真萬確。

我還想強調一點：人的胸襟有多大，能包容的有多大，視野有多大，成就便有多大。這些都成正比。

整蠱時刻

譚詠麟有一種「特異功能」，車子一動，只要沒人騷擾沒人聊天，不到一分鐘便睡著——像機器開關那樣高效。從未試過失眠嗎？「沒有！只有多眠，因為我睡四小時便足夠，睡多了會到處作弄人，哈哈哈！他們（同行的人）很怕的，出埠時都不敢住我隔壁，怕我敲門踢門，一有精力便整蠱！」

這個小小的 hidden chapter，算是為受害者伸冤。

整蠱一：酒店門縫塞昆蟲

大夥兒到內地演出，不知誰送來炸昆蟲零食，裡頭有蚱蜢、蠍子、水蟑螂等一共六大盒，「我不吃，便打算給她們（同行的女同事）看看。」譚詠麟說得無辜。

可是譚詠麟「給她們看看」的方式，非常特別。趁大家倒頭大睡，他聯同彭健新和陳友二人，鬼鬼祟祟找上女同事的房間，把六盒昆蟲從地上的門縫塞進去。門縫很窄，昆蟲也不薄，最初推不進，後來才想到辦法：把牠們逐隻拍扁，不就成了嗎？

你們都是趴在酒店走廊地上做的？
「當然，不然怎麼做？！」
弄了很久？
「弄很久，大約四十分鐘。我們最後還用硬卡紙把碎片也掃進去！」

想想看，夜闌人靜，只有三個大男人堅持不眠不休。他們趴在地上，專心致志地用昆蟲做手作，堅毅得令人動容。

但受害者不這樣想。

以下供辭來自其中一位女同事：「半夜上廁，門口有一堆黑色的東西，我

有大近視看不清，拍醒同事叫她看。她說，看甚麼？睡吧！第二天早上我戴上眼鏡，哇呀，是黑壓壓的一大堆！很誇張！

「我們根本走不出去，唯有打電話到酒店服務台叫人上來。門一開，他們（譚詠麟等疑犯）穿著睡衣在張望，一臉好奇似的問：『甚麼事？甚麼事？』」

整蠱二：夜放鬼聲

另一次，又是在內地。這次巡迴演出要逗留很久，酒店也舊，四周又沒甚麼好玩的東西，非常非常無聊。

然後，他們有主意了。那時彭健新的電結他，能製造出一種叫 ghost 的特別效果，奏出來的聲音「嗚……呀……」，鬼叫似的，配合舊酒店的裝潢，聽得人涼了半截。半夜，幾個大男人又出動了，他們四出尋找冷氣機槽位置，一有發現便爬上去，對準彈結他——彈的當然不是情歌。

哀怨的鬼號，藉著冷氣系統傳遍四周，「我走進別的房間檢查，真的聽到！」十多年後說起來，譚詠麟還是一副「得米」的興奮模樣。

那次演出的工作人員包括舞蹈藝員和樂手等合共百多人，差不多住滿整間酒店。譚詠麟也不知道誰個住在哪間房，只知道快快樂樂地拿著結他走遍

六、七層樓到處彈。

幾個人有頭有臉，如果被撞破……？

「沒甚麼的，只是好玩而已。就算被發現也沒所謂，他們都不出聲的……哈哈哈！」

整蠱三：沙發威化餅

問譚詠麟最自豪的一次整蠱，他回到溫拿樂隊的最初。大夥兒喜歡到譚詠麟家中開會，那兒有一張宮廷式沙發。某日譚詠麟發現沙發扶手位置的布料破洞，露出氧化了的海綿。可能日子有功加上大家的手汗，它變得啡啡黃黃、深淺斑駁、燒焦似的模樣。聊呀聊，譚詠麟隨手抓出一把海綿，毫無意識地放到面前一隻擺點心的碟子上。嗯，看起來真像蛋糕碎。

然後遲到的陳友來了，跟大家一起圍坐。

「我看到他的手慢慢移去那碟子時，立即跟他説話，引開注意力。接著他的手指撩呀撩，抓出一塊像一元硬幣大小的海綿……」譚詠麟慢慢地説，滿懸疑的，我們也不妨為這個時刻來個定格：陳友心不在焉、譚詠麟托頭望著陳友引他説話、葉志強一貫緘默、彭健新假裝在弄別的東西、鍾鎮濤愛理不理。後面四個人非常有默契地，用眼角餘光留心眼前的海綿。

「⋯⋯他放進嘴裡就吃！看他吃完後，我們繼續若無其事，沒作出任何反應。」可是，當陳友伸出手，再取另一塊更大的時候，大家終於忍不住哄堂大笑起來。

事後譚詠麟問陳友，為甚麼吃完又吃？「他答，那塊東西很有趣，也不香，但是脆，有點鹹⋯⋯哈哈哈哈！」

他們和譚詠麟的那時那刻

「那時有種天注定的感覺，他是要當上巨星的⋯⋯」

「想挖走他的人何其多，有人就這樣把一大疊錢放桌上。但他沒走。」

「我在高興中回頭一望，卻看到他淚流滿臉⋯⋯」

「他確實對任何事都可以大笑一番。

有時我難免會想：你來真的嗎？幾十歲人甚麼都見過了！」

「他是天生要做 Show Man 的，你不讓他做，他會害抑鬱。」

「換另一個差不多年資的人大概會說：

『別搞我了。』但他說：『試試看！』」

「他反過來安慰我不要哭。」

「成功需苦幹，我明白了。」

粵語流行曲熱潮的奠定者
——張文新

人稱「金曲之父」，在英文歌曲風行的年代，在香港電台創立「中文歌曲龍虎榜」和「十大中文金曲頒獎音樂會」，為本港中文歌曲的盛世掀起序幕。

譚詠麟的成功

我不知道未來會發生甚麼事，有沒有誰還可以把粵語流行曲唱得更高潮迭起？但在我最熟悉的八十年代，譚詠麟肯定是第一，這包括他的唱片銷量、演唱會場數、獲得的獎項，以及對新人的提拔等。

如果說，許冠傑是本地粵語流行曲的開創者，那麼譚詠麟就為它奠定了地位，令熱潮不是曇花一現，沉澱成為中國南方人的音樂文化。他的影響甚至遍及海外。我曾與多倫多華人談天，他說在當地出生的孩子懂得一些廣東話，是因為他們在卡拉 OK 唱譚詠麟的歌。

譚詠麟的成功，我看有幾個因素：

第一是 timing（時機），娛樂圈的 timing 很重要。譚詠麟出道時，遇上樂壇改朝換代，中文歌從「很老土」和「沒有型」變成樂壇主流，取代英文歌曲的地位。開始時，先有一個叫許冠傑的大學生，忽然不唱英文歌轉唱中文歌，然後電視劇興起，令主題曲唱得街知巷聞。那些《家變》、《小李

張文新看譚詠麟：贏timing、聲線、人緣，以及對
「娛樂」二字的理解。

飛刀》、《狂潮》、《天蠶變》……首首厲害。它們令中文歌曲蛻變成為時尚，
很能「入屋」。後來人們參加歌唱比賽的選曲，再也不是 The Beatles 了。

第二是譚詠麟的聲線，這個人是天生適合唱廣東歌的。那時許冠傑、林子
祥、鍾鎮濤、仙杜拉這些歌手很多都有番書底子，唱英文歌很厲害，連帶
唱中文歌也帶點洋味──這不是貶詞，因為不同風格也可以成功，如羅文
的大戲腔和汪明荃的腔調。譚詠麟唱廣東浪漫情歌有自己的韻味，絕對是
走對路遇對時機。反之，你若問我阿倫的英文歌唱得好不好？我會説聲對
不起，他不及阿 B 好。

Cantopop 唱得街知巷聞，甚至成為英文字典的新字，許冠傑一定是先導
者，他的歌走通俗路線，反映時代，如《半斤八兩》、《尖沙咀 Susie》和
《話知你97》。阿倫第一張個人大碟《反斗星》曾向阿 Sam 學習，但不成
功。他最重要的轉捩點是一九八一年的《忘不了您》，那以後他轉了唱法，
也選用不少日本歌曲，之後那堆浪漫情歌如《小風波》、《雨絲、情愁》、《遲
來的春天》、《愛的根源》等，一直贏下去。

第三，他贏人緣。評譚詠麟一定要提到他的人緣，這差不多已成為他的專長了。很多人以為，唱得演得就會成功，這是錯誤。你看譚詠麟好像大癲大肺，其實他很有謀略，他的網絡和人緣，在需要時會互相支援，這也造就了後來的「左麟右李」。何況媒體特別疼他，一個藝人要是得到媒體疼錫，你便成功了。即使做錯事陷入低潮，媒體也會原諒你。

所以阿倫的婚姻也許令人有少許失望，但人們會理解，這就是人緣。這當然因為他由始至終都關心朋友。關楚耀是他第一個監製關維麟的兒子，據我所知，他在日本出事時（詳見第七章），譚詠麟很快便主動幫忙了。我和譚詠麟大家也忙，雖然不是天天見，但他總會在適當時候，讓我感到朋友的關心。

第四，他很懂得娛樂。娛樂圈就是要娛樂，與看一本書、欣賞一件藝術品、聽古典音樂是不同的。有些人藝術造詣高超，但不懂得娛樂，到頭來只是娛樂自己。相反，譚詠麟是徹頭徹尾的 entertainer。他是 band 仔出身，沒正式學過音樂，至少沒拜過師，成功靠的是天天練習。他常常在餐廳唱歌，所以對現場反應的掌握非常到位，就像當年的阿梅（梅艷芳）一樣。與很多同年代的巨星相比，他非常自然，很容易與群眾溝通，是「Show 王」。

別忘了，他也能放下身段主動出擊，不怕親力親為。八十年代他在港台飯堂爭取機會宣傳新碟，便是很好的例子（詳見第四章）。電台不同電視，又是直播的，可以很即興，而他甚麼都肯錄，有時說幾句話有時唱生日歌，親和力強勁。

拒獎的傳承意義

譚詠麟宣佈不拿獎的第十屆十大中文金曲頒獎音樂會，我在現場，那是我人生第一次見他哭。那年譚詠麟和張國榮叮噹馬頭，兩派歌迷互相説了很多不好的話，壓力很大。結果兩人平分秋色，譚詠麟拿下「IFPI 大獎」，但同時宣佈以後不再拿獎了。

當時獎項對推動歌手和公司發展都很重要，不拿獎在商業角度是危險決定。因為一個皇牌歌手能帶動整間公司的年輕一輩；説得俗一點，阿倫不拿獎，會削弱寶麗金的議價能力和江湖地位。而那個勢頭此消彼長，因為當時華納唱片公司聲勢浩蕩，時刻盤算著怎樣把別人的歌手挖過來。

譚詠麟此舉引發一輪熱潮，張國榮、梅艷芳、林子祥、許冠傑等，一一宣佈拒獎。事後看來，譚詠麟這一步確實幫助樂壇騰出空間，製造機會讓新人承接，可以説是加快了四大天王的出現（風靡九十年代的四大天王，包括張學友、劉德華、黎明和郭富城）。説到這裡，你不得不佩服他的胸襟。

譚詠麟的胸襟也在於他對新人的態度，很少歌手會常常在公開場合讚賞後輩，這很難得，因為怕他們搶飯碗。但他不但讚，而且可以和新人一起玩音樂，譬如在二〇一〇年和 Mr. 的合作。

譚詠麟的變與不變

我認為譚詠麟思想上挺傳統，反映在哪裡？他加入寶麗金後，四十年來沒轉過公司，經理人也只有前後兩位（梁柏濤和張國忠）。其實他大有本錢轉，但他寧願讓一班老友繼續幫自己。

但這不代表譚詠麟不變，他不斷透過轉變來延續自己的（樂壇）生命。在第二十五屆十大中文金曲頒獎音樂會上，我們精心挑選廿五位「金曲銀禧榮譽大獎」得主，向他們致敬，那些都是在不同範疇對中文歌曲帶來深遠影響的人，包括顧嘉煇和黃霑等。這個名單裡只有一個人的名字出現兩次，一次以溫拿樂隊成員出現，另一次是獨立歌手身份，他便是譚詠麟。

再過十年，我甚至覺得譚詠麟可能會以第三個身份拿金針獎——「左麟右李」成員。「左麟右李」是在二〇〇三年殺出來的，這個組合令他變得多樣化，也添了年輕感。

維持動力是一種學問，我常常笑他，「你真厲害，又要聽你的歌。」他答：「我可以變成八個譚詠麟唱歌給你聽，你不會累不會厭的。」他不斷嘗試

年年廿五

與 Mr. 嘻嘻哈哈，合作無間。

新的演繹方式，維持新鮮感，所以《愛情陷阱》唱一百次仍然令你覺得過癮。這是他的魅力。

香港仔的廿五歲精神

譚詠麟是徹頭徹尾的香港仔，非常樂觀積極，即使面對壓力，身上總有一股正能量，而且把友情和義氣看得非常重。

早一點點的許冠傑也有很重的港味，但阿 Sam 比較自我保護，在我們這行叫「錫身」。譚詠麟不會，無論報紙、電台、電視台，大大小小的活動，總之認為適合的他都出席，不計較身份。他是那種在球場可以看到他踢球，在路邊檔可以看到他串魚蛋的人，很隨和，和我們比較接近。

他常常說自己年年廿五歲，這雖然是說笑，但也是一種精神。這話裡有一種叫「人老心不老」的正能量，成為很多人的口頭禪，也帶來不少潛移默化的影響。

簡單來說，他是那種「work hard, play hard」的人。

他是注定要當上巨星的
——關維麟

從譚詠麟第一張個人大碟《反斗星》開始參與他的音樂製作，合作的大碟超過二十張，獲譽為譚詠麟的「御用監製」，直至九十年代升任管理層後，才把監製一職交棒。其兒子關楚耀是譚詠麟的契仔，也是歌手兼演員。

譚詠麟在香港樂壇的地位非常高。我們 band 仔出身的，都由許冠傑開始聽粵語流行曲，他的影響力最大；但之後的阿倫，則拉闊了人們對粵語流行曲的想像。那時很多紅歌星如徐小鳳和鄭少秋等，雖然都唱得好，但我總嫌不夠新派。同樣夾 band 出身的譚詠麟卻很新派，令人有「原來廣東歌也可以這樣唱」的感覺。

未正式做譚詠麟的監製前，我已經和阿倫合作過，也聽過溫拿的中文歌。那些歌很多都是配合電影而生的，沒帶來很大驚喜。直至某次聽到他唱《相識非偶然》，我才驚為天人——咦？掂喎！廣東歌很適合他，而他的唱腔亦開始成熟。

我選了《遲來的春天》為譚詠麟做新碟，那首歌很流行，為他在慢歌領域打好基礎；而之後的《忘不了您》更令阿倫一下子紅起來。那以後，公司覺得我們很夾，指定我為阿倫監製大碟。我已經數不清一起合作了多少遍，但我記得大熱的有《忘不了您》、《霧之戀》、《愛情陷阱》、《愛的根源》……直到升上管理層前，我一直負責譚詠麟的音樂製作，之後由葉廣權接手。

譚詠麟與御用監製關維麟

從前樂壇流行一個監製配一至兩個歌星,譬如我配阿倫和泰迪羅賓(關維麟的親哥哥),區丁玉為張學友和陳慧嫻監製。現在的歌手會在一張大碟裡起用多位監製,歌路可以首首不同,風格也較多樣化,但要從中挑選一首歌來強推並不容易。只有一個監製的話,對於最後哪首歌會跑出,他往往心中有數。

很多人誤以為,譚詠麟在八十年代的歌曲都是改編歌,這不對。其實《愛情陷阱》、《暴風女神》和《夏日寒風》這幾首快歌,全部都由日本音樂人為阿倫度身訂做,阿倫是原唱者。

印象最深刻,是在日本灌錄《愛情陷阱》。那次錄音室來了一位很成熟的結他手,他問我們想要彈出甚麼感覺,我透過翻譯說要「rock」、「pop」和「commercial」,他二話不說便奏出三個版本——三個都棒。結果這首歌很厲害,一推出市場便嘩聲四起,大家沒想過中文歌可以做到這種節奏和感覺。而且那以前阿倫少唱快歌。

有種天注定的感覺

我和阿倫選歌的口味很配合。有時他忙，來不及聽原曲，但只要我告訴他
這首歌「掂」，他會相信我。夠意思的是，當年撞上米的都是好歌，很多好
歌不知怎樣就遇上了。我有一種很難以形容的感覺：輪到他（上位）了。

那是天時地利人和，很難預測的，一下子冒升得很快。我知道我選的歌很
重要，但坦白說，即使不是我為他監製大碟，我依然覺得阿倫會成為天皇
巨星──只不過他會紅別的歌，歌路歌種和現在不同而已。真有天注定的
感覺，他是要當上巨星的。

阿倫錄音有一過人之處，就是無論甚麼時間他都能開聲，有時聲線帶點沙
啞卻更有感覺。我們曾經三晚通宵趕起一張大碟，沒多少歌手能捱過這種
考驗。他的演唱會一連三十多晚沒停過，當天下午他的聲線已不行，連我
都覺得慘啦慘啦，怎捱到晚上？但一開場，他又回來了。這也許是他玩
band 時的訓練。

譚詠麟不能碰的音樂

譚詠麟有沒有不能碰的音樂？第一，老土歌他不能唱，我也不喜歡。第二，
在我的想像中，柔和假音也不適合他。他的假音是比較強勁的那種，所以
把《夏日寒風》這首歌演繹得很好，有 rock 味，現在聽來也不老土。

爸爸、兒子與契爺

還有，國語歌他駕馭不來，他真的只能説「譚詠麟國語」，可是如果把那些音矯得太正的話，又失去譚詠麟的特色。話説回來，他有一首國語歌真不錯，叫《半夢半醒之間》，唱得好、編曲好、整體發揮好。至於二〇〇二年和刀郎（內地歌手）合作那次，他很喜歡，但我依然覺得他沒唱國語（笑）。

他能在這個圈中紅足四十年，媒體對他好是很重要的。他是那種沒有假臉的人，上台是這個樣子，做人也是同一個樣子。他錄音很輕鬆，但也有嚴肅一面，後輩做錯事，他真的會教訓，真誠解釋他錯在哪裡。阿仔（關楚耀 Kelvin，關維麟的兒子）對阿倫又敬又怕，見到他連話都不敢多講，很有趣。

兒子的契爺

Kelvin 出生前，我正在忙《霧之戀》這張碟。我喜歡一個人半夜做混音，還記得那次獨自在錄音室聽《霧之戀》這歌時，我整個人震了。為了趕飛機到加拿大看 Kelvin，我通宵兩晚。那種趕忙程度，是一交完碟便立刻坐的士去機場。我上了飛機不久，差不多所有親友都知道阿仔提早出世了。

我是在落機一刻才知道的。

我沒想過《霧之戀》的聲勢那樣厲害。在《忘不了您》後，譚詠麟有一、兩年好像沉寂下來，但這趟又超前了，當真奠定了天皇地位。也許他覺得 Kelvin 好腳頭，當時就認了他做契仔，我們後來還認真地做了上契儀式。

Kelvin 在日本犯錯那次，阿倫動員了很多圈中人脈幫忙寫求情信。放出來那天，阿仔立刻打電話給契爺，在電話兩頭哽咽。（詳見第七章）

我們一定是一世的朋友。這些朋友不用多言，在心中。

笑看人生留給校長
——張國忠

三十多年來擔當譚詠麟的經理人，也是藝能娛樂的合夥人，曾經和譚詠麟一起共度多個事業里程碑，包括宣佈不拿獎和大球場「細細聲演唱會」等。在私人領域上，譚詠麟是張國忠的姨丈。

我一世都記得第一次見到校長的情形，那是溫拿的派對，人人長髮，唯獨他短髮，一副「磨碌哨牙仔」模樣，格格不入。據說是因為他剛從新加坡回來。他唱英文歌 *Too Young*。那時校長剛和我阿姨拍拖，而我未入行，沒想過以後會和這個人有這麼多緣分。

「巡迴」演唱會發放信號彈

一九八〇年，我第一次幫校長做「譚詠麟巡迴演唱會」。所謂「巡迴」，其實是從香港大會堂巡迴到荃灣大會堂。當年香港只得兩個表演場地，而荃灣還是新開業的。

這也是我第一次辦演唱會，很難忘。當時我已經參與拍戲，自問對演唱會有多少認識，但原來現場演出是兩回事，刺激得多。那些年用風扇和阿摩尼亞做煙霧效果，可是我嫌煙不夠勁。朋友是華籍英兵，他說沒問題，替我找兩枝東西。你知道他拿甚麼來？信號彈！

我們自己用繩子和木頭車子把校長拉出台，他遮著頭蹲下身子，到達舞台

中央方才很威武地站起。這之前我們沒試開信號彈，因為只得兩枝，所以一來便來真的。台上校長用力一擦，嘩！那些煙厲害得連煙霧感應器都啟動了！校長被嚇呆，一甩手把它們丟走。會場經理衝進來，大喊停呀！我說不能停，要繼續。

那以後，公司被列入大會堂的黑名單。

另一次，溫拿去新加坡 National Stadium 表演，當日下午才發現摩打壞了，不能開動升降台，我們趕緊找人從香港捧另一台來，匆忙間只能借錢買機票。可是摩打來了才發現，也是壞的。最後我們找來一班大漢，用繩子把升降台扯高，再拿幾條木杉頂著，唱完才放下木杉。那時甚麼都不理了，只想到有問題就要解決。

難得他們（溫拿五子）肯一起傻，只問一句：「掂唔掂？嗱，信你的了！」然後站上去又唱又跳。這也是他們對我的信心。

回想從前其實挺好笑。沒資源沒經驗，甚麼都憑空想，又不知驚。我常常和校長說，我們這一行表面歡樂，裡頭有血有淚。

不只幸運倫

所以校長是有要求有付出的。如果馬馬虎虎，他做不到四十年。

同行半輩子的經理人張國忠

一九八四年，他第一次在香港體育館開六場演唱會，歌迷很瘋狂。那時我想：「幸運倫（譚詠麟的其中一個花名）好鬼好運。」

可是更多經歷後我發現，他付出很多，只是他不把話掛在嘴邊而已。他接下工作時看來輕鬆，但一個轉身可能已經開始練習。他在車上放卡式錄音帶，一開車便練歌。寫歌亦然，他一有靈感便找上關維麟，不會說明天再算。

校長不是音樂天分超強的人，不是彈得會跳會飛那種。但他看音樂不偏激，判斷和觸覺快而準。舞台上，他的特點是互動強，目光接觸好，令每個觀眾都覺得校長知道自己的存在，即使是山頂上的朋友。不是人人做得到的，這是他的風格和個性，他喜歡分享快樂。

時運高聽不到鬼叫

做演唱會，很多人有壓力。但我們的演唱會是 gathering（聚會），新舊同事回紅磡開大食會，好高興。每晚校長唱完回酒店，會洗個澡吃消夜，

玩牌輕鬆一會。四、五點鐘我們離開後，他便跑步，六、七點睡，睡醒又開騷了。

有些歌手一做完騷，經理人便把他推回酒店房間，生人勿近。如果你不准校長做這個吃那個怕喉嚨會痛，他睬你都傻，「你不讓我吃，我明天不唱啦！」

校長是不朽的，為甚麼？因為他有一個優點：時運高聽不見鬼叫。很多人見報紙寫了幾句壞話，人已癲。但校長繼續我行我素，一笑置之。他百毒不侵，因為他最清楚事情怎樣發生。錯不要緊，最重要別愈描愈黑。

今日市場上一線的天皇巨星，哪個不是出道二、三十年？哪個從未「瘀」過？人人都有！是你們以為不能「瘀」而已。

雪地一刻痛定思痛

藝能經歷過很多難關。創業第一年，大股東退股，農曆新年已到而公司沒錢。那時一班兄弟用各種方式回來支持，校長最簡單直接。他說，甚麼都不要想，公司幾多人？我們訂機票、放假、去旅行、去北海道玩五天！我請，全部去！

一班人站在雪地上的時候，校長對我說：「國忠，這裡夠冷，你會清醒一些，

痛定思痛。你不可以輸，不會輸！畀心機，重新再戰！」那幾句話說到肉。如果不是校長，以及華仔（劉德華）和志偉（曾志偉）等人的支持，便沒有今日的藝能。早放棄了。

藝能花了幾年重上軌道。我常常說珍惜公司同事，因為共過患難，差不多是家人了。

笑看人生留給校長

我開始為校長做經理人時，他已經有知名度。撇開家庭關係，我們亦師亦友，他啟發了我待人接物的方式，也因為他的知名度，我接觸到不同的人和事，見識到校長身邊很多人——哪個真心，哪個因為你叫譚詠麟才對你好，幾十年來看了很多。

我的責任是，讓他在前面奔跑，周圍的事由我們關注。我在這個市場學會了待人接物必須謹慎。校長可以瀟灑地笑看人生，但我們不可。

所以，我對他的工作依然敢言，這從第一日開始就沒改變。對他好的我説好，不好就説不好，不違背良心，不因為他愈來愈紅便順應他的意思。要是我不對他説真話，我真不知道自己還該做甚麼。我的真話未必一定對，但起碼我把看到的讓你參考。

我高興校長真心相信我。過去幾十年，想挖走他的人何其多，有人就這樣把一大疊錢放桌上。但校長沒離開。

拎得起放得低

我們經歷起起落落，他影響我最深的，是沒以前那麼執著。校長穿的吃的全不追求名牌，隨遇而安。因為只要有實力、做得好、沒害人、沒違背良心，自己就是名牌。

他也讓我看到「拎得起放得低」的智慧，尤其在鋒芒畢露時。這是很大的啟示，也是潛移默化。

感謝校長幾十年來給我很多機會。他不只把話掛在嘴邊，他是用心疼人的，家裡有事他總是第一個跳出來幫忙，這個我很清楚。

我們盡在不言中。

我們都是感性男人
——陳可辛

著名導演，香港電影金像獎和台灣
金馬獎「最佳導演」得主。曾兩度與
譚詠麟合作電影，包括《雙城故事》
（1991）和《嫲嫲·帆帆》（1996）。

譚詠麟是我見過的明星中，最隨和、最無所謂的一位。很多明星都敏感，少像他那樣放鬆，不把自己看得太大。而且通常一個人到了某個地位，便不會有很多朋友，但他竟然有那麼多，非常難得。合作久了，你還會發現他這人不單開心，還有感性的一面。感性，很多人覺得只是女人的東西，但我認為男人和女人在這方面不應該有很大分別，而阿倫跟我一樣想法。因為感性，我們一起拍戲時，大家對每場戲的了解都很接近。

在傳統觀念裡，男人戲很少哭，就算哭也多在酒後，又或者像《英雄本色》那些講義氣的、「無做大佬好耐」的哭。偏偏在我拍的戲裡常常有男人哭，親情友情愛情，需要從自己的經歷中掏些真東西出來演。所以拍戲時（導演）必須和演員溝通，過程中要交心，也要有一定的信任。

這與內地演員有點不同。在內地，說一個演員哭戲演得好，完全不是誇獎，因為人人懂得，也哭得好看。他們有專業訓練，全部少林寺出來周身武功，技巧很高。相反，香港演員差不多都沒接受過訓練，大多明星出身，我們最懂得做戲的那個張曼玉來自選美。甚至那些你覺得非常厲害、屬超級演技派拿過影帝的男演員，也可能會坦白告訴你：喂，我廿年沒哭過，哭不

電影《雙城故事》，曾志偉（中），陳可辛（右）。

出來。導演必須引發演員把自身經歷投入角色，而不單從技巧做起。

這樣說吧，整部戲若要做到交功課水平整體穩穩陣陣的話，要找內地演員。但香港演員有神經刀，要是剛巧中了，角色與演員的感情和經驗掛鉤，演出來的感情可能更真更好看。真，是香港演員重要的特質，而校長絕對有這種特質。

跟阿倫合作的《雙城故事》，也是我導演的第一齣電影。我看到他哭得很好看，感情到時很真。

拍這戲時，他也許一心想幫志偉，知道志偉出盡力想由喜劇轉型為文戲演員，又或者他覺得自己拿過影帝沒所謂。總之開始時在海邊的戲，他的演出猶如遊戲人生。而那時我們對他的要求也不太高，始終戲裡的骨節眼轉折位多在志偉身上。但有一場，阿倫躲在門後，撞見志偉和張曼玉摟在一起，我原本沒想過要他哭的，但他眼濕濕了。那時香港普遍拍戲都很快餐式，他那一下反應多多少少嚇我一跳。

但他令我印象最深刻的，是與張曼玉在酒店重逢那幕。這我已經在無數訪問中說過。

拍戲時，你常常會期待一些 magic moment（奇妙時刻）——有意想不到的化學作用，一下子令人全身毛管戚打冷震的那種。我第一次經歷是《雙城故事》。後期我們到三藩市一間酒店拍攝，那次先拍張曼玉。車軌上的鏡頭慢慢推到她眼前，我看著她的眼睛開始變紅，然後眼神左顧右盼地迴避。我覺得張曼玉演得好到不得了，不敢喊停，一直拍到那卷菲林的最後幾分鐘差不多都用完為止，然後全場鼓掌。當時我在高興中回頭一望，卻看到在機器旁的譚詠麟也淚流滿臉，原來他一直在與張曼玉對戲。

這是很大的驚喜。不過當時我還有一個反應：死喇，阿倫已經哭了，接下來還哭得出來嗎？可是他接下來依然做得很好。

我和阿倫第二次合作是《嫲嫲·帆帆》，那次我猜他主要是想幫我，因為我很需要他演這個角色。這戲寫人生，到了某個階段，面對家庭責任，要做好老公好兒子好爸爸又要令自己快樂，當中有很多矛盾。裡頭的困擾是比較自傳式的。因為角色像我，而我又覺得譚詠麟和我很相近，所以找他幫忙。

有人說，譚詠麟在電影裡沒投入很多。我倒覺得，人生要有優次，可能他為自己選了音樂，電影只是副業，這很正常。我認為他那種選擇是主動的，

不是被動的。這也是他可愛的地方。我不認為他是個很會計算的人，因為他放了大半時間在交朋友和吃喝玩樂上，這令他變得更瀟灑。如果我做人可以像他那樣，有這麼多朋友、這樣放得低，便是人生的最大成就。

天生 Show Man
——鄭裕玲

金牌司儀兼著名演員,曾與譚詠麟
合作主持節目,也合拍過電視劇和
電影。

我在一九七八年認識阿倫,那時我剛加入無綫不久。當年我、林子祥和譚
詠麟三個人一起主持年輕人雜誌式節目《BANG BANG 咁嘅聲》,唱歌跳
舞又訪問。此外,我和阿倫還一起拍劇集《天虹》,他在這個劇的前半部
飾演我的男友,後來死掉,我的角色要查出真兇。那段拍攝的日子很辛苦,
因為他簽了約要趕往台灣拍電影,連帶這兩個節目都必須趕拍,所以我
日夜都見到他。雖然如此,你很難會惱他,因為他是個天生開心的人,喜
歡工作,捱更抵夜也不愁,兩隻大板牙常常笑不停。開心的話,時間便容
易過。

那時一日二十四小時裡,我們見足二十小時,入廠外景外景又入廠。記得
某次為了拍一個笑話,我們還特地去飛鵝山。《天虹》好像是他拍的第一齣
電視劇,他說,還好第一齣劇便跟我拍檔,因為我做事認真,有一本小冊
子專門記下那場戲穿甚麼衣服用甚麼情緒,方便連戲。他見到我這麼勤力,
也就學了一點。但是我想不到這麼多年後他依然記得。

他這樣愛玩,拍《BANG BANG 咁嘅聲》時,其實幾慘,因為阿 Lam 不
愛玩又不多話,他們兩個只在 jam 歌時最合拍。而我又是很認真的。那時

佳視倒閉，我有機會入大台工作，一心把握機會表現自己，哪來玩？於是他只好找工作人員玩，又或者趁著拍笑話的時候大笑一餐。至於拍劇，因為演員多，他那對兔仔牙常常周圍去找人聊天。但到了趕往台灣前的最後日子，他累得連聲氣也沒有了。

他確實對任何事情都可以大笑一番。即使你明明不覺得是好笑的，但經他的腦袋想完一轉後，好像便有些好笑的東西走出來。有時我難免會想：你來真的嗎？幾廿歲人甚麼都見過了！但他的貪玩也很有分寸，我從未被他激惱過。他不會令人感到不舒服。所以我覺得他心底裡其實是一個很好的人，知道來到甚麼線前便要停止。而且他不只對娛樂圈的行家好，對粉絲和周遭的人一樣好。難怪這麼多年，他的粉絲當上媽咪、仔女都長大了，但對他依然忠心，很難得。

你不讓他做　他會害抑鬱

我認識他這麼多年，見過他嚴肅的一面，但從未見過他發脾氣。工作上，雖然他那些歌唱了幾十年，但只要那個環節是新的，他都樂意排練。有一次他和克勤（李克勤）上《星夢傳奇》做評判，參賽者向他致敬唱他的歌，他很開心，急不及待要衝上台一起排練，但那些歌他明明唱過幾萬次啊！他天生要做 Show Man 的，如果你不讓他做，他會害抑鬱。

我現在在商業電台做節目，他一經過便衝進來，懶理直播室外亮了紅燈，

一入來便大喊「喂！表妹！」說一、兩句笑話便又離去。沒幾個人夠膽這樣做，但其實是開心的。有一些人，你完成工作後覺得最好不見，但那個人絕對不是譚詠麟。

他是怎樣做到的呢？對他來說，好像來到這世界已經是件開心事，令人羨慕又妒忌。現在香港最需要這樣的人。

我當上影帝他比我高興
——曾志偉

著名演員和遊戲節目主持人，與譚詠麟是世交，自小在球場上認識。譚詠麟從台灣回流香港後，二人曾合拍多部電影，包括讓曾志偉奪得香港電影金像獎「最佳男主角」的《雙城故事》。

很久以前，我們就在球場上見過了。那時他的爸爸拖著他，我的爸爸拖著我。但印象已經很模糊。最記得是到台灣參加金馬獎頒獎典禮的那次（第十八屆），那時我參與演出的《鬼馬智多星》（台灣片名：夜來香）奪「最佳導演獎」，阿倫拿金馬影帝。當晚大家飲得高興，我叫他回香港發展，一起做，他答應了，説會回來唱廣東歌。後來他真的回來，我們拍了《小生怕怕》（1982）和《少爺威威》（1983）。

那時新藝城（電影公司）差不多把我們列入黑名單，不讓這兩個人一起工作，因為太瘋狂，每次收工呀臨睡呀都去了玩，老闆麥嘉説我們不夠集中。大禍倒沒闖過，最多稍稍醉酒鬧事。但後來酒也戒了。

被歌迷當街痛罵

離開新藝城後，我自己拍戲，阿倫拔刀相助替我演了兩部——《最佳福星》（1986）和《小小小警察》（1989）。不過也是因為這兩部戲，我被他的粉絲罵到狗血淋頭，在街上一見我就罵，質問我為甚麼要他們的靚仔偶像演核突角色，要不是精通狗語的狗警察，便是傻的神經病院院長。我答，偶

好兄弟 X 世交

像當然想演一些未演過的角色。

因為我是老闆，他二話不說就來幫忙，之前也沒問過要演甚麼，人到現場才聽我說。後來也許歌迷投訴得多，他也問：「喂，不要常常安排我做這些角色好不好？幾時叫我做些醒目的角色？」

那是他人生中差不多最紅的日子，演唱會的門票可以在一、兩天內賣光。某次在他的演唱會搭台時，我對他說，我想好了一部一定要拍的戲，明天開鏡。他問那是甚麼？劇本呢？我說沒劇本。他問誰當導演？我說未找到導演，只是一心想要開戲。我要拍他開演唱會，像貓王也有一部關於巡迴演出的電影。我們結果拍了《歌者戀歌》（1986）。

拍一齣戲紀念友情

那齣戲後，我又向阿倫說，真要找個機會，拍一部戲來紀念我倆的友情。我常常說，電影圈最好的兄弟要數我倆，又是好兄弟，又是世交。他說好呀好呀，度劇本吧！結果一度就幾年。到了一九九〇年我對阿倫說，那部

照片攝於《愛的逃兵》期間，之後他倆再度合作，演繹陳可辛口中的「magic moment」。

戲要開拍啦，不然我們演不回十八歲。這就是《雙城故事》。那時陳可辛在電影公司裡幫忙籌備這齣戲，他問，你想讓誰拍這個劇本？我說未找，他說：「讓我拍吧！」那是他第一部電影，今日他已經是大導演了。

這戲與現實中的我們有很多相似的地方，所以英文片名叫 *Alan & Eric: Between Hello and Goodbye*，戲很真，因為我們根本就在演自己。在電影界，他從來都比我紅，一起出埠時，我們在酒店房裡一邊聊天，一邊在大疊照片上簽名——簽他的名字，因為他一個人簽不完。在公開場合，人家找我拍合照，一般都只是因為譚詠麟那邊太擠。但我已經習慣了。

我憑《雙城故事》拿下影帝，阿倫比自己得獎還要開心。他說他都是影帝了，拍這部戲最想我拿獎。那時我多拍搞笑片，很少拍正經戲。慶功宴也是他預備的，「吹雞」叫了大班朋友來，大家一見面便擁抱。感覺很深刻。

這齣戲給我很多難忘經歷。在三藩市的一場戲，他來醫院探望我（曾志偉演的角色患了末期癌症），我在病房裡一個回頭看到他——這是人生中永遠讓我難過的一幕，整整一年，只要在自己的車裡播起那首歌（《雙城故

兄弟倆曾經為剪綵反面

事》主題曲《一生中最愛》），我便會流淚。很感動，是我倆的友誼之歌。

只要是兄弟的事……

我們當然也曾鬧交。有一次我們兩個的朋友做老闆，我說去剪綵，他說好，但之前一日他打電話來，問朋友開的是不是桑拿浴室？原來之前我沒提，他也沒問，我和他有時就是那樣大頭雞。但唱片公司有意見，不讓他去。我說這怎麼行，兄弟都不幫忙嗎？他說幫甚麼都可以，但要是影響到歌星工作就不好。當時我不太明白，原來演員和歌星有很大分別，做歌星有很多事情不能做，因為要保持一定的神秘感和形象。為了這事，我們幾天沒通電話。後來當然沒事了。而我也漸漸明白，他對某些事是很嚴謹的，不能退讓。

校長封號很適合阿倫，他凡事抱打不平，好像甚麼都關他事似的。作為朋友，他很夠義氣很樂意助人，無得頂。溫拿樂隊到了今時今日依然維繫得到，我想阿倫的功勞很大。他們是一起成長的兄弟，沒計較。只要是溫拿的事情，他都會撥開其他東西去幫忙。

那些年（八十至九十年代初）我們差不多形影不離，一起拍戲、一起做飲食生意、一起玩、一起踢球，只是唱歌沒我份兒。這些年我們見少了，但每星期也有一、兩次。因為我們最大的共通點是愛吃好東西，譬如那裡的牛腩好吃，那兒的煲仔惹味，我們便　起去吃，不一定只吃貴的東西。我們見面時不須講太多，一開口就沒甚麼好說話。人家問，哇，怎麼你這樣對阿倫說話？我說這有甚麼所謂？難道他會怪我嗎？

我們就是這樣的兄弟。

我的「大婆」譚詠麟
——陳百祥

著名演員兼主持人，溫拿樂隊前身 Loosers 成員。譚詠麟形容，陳百祥看來像鱷魚頭，其實心靈脆弱很會吃醋，「他把你當朋友的話，便是一世朋友；把你當敵人的話，便會想盡辦法找你麻煩⋯⋯哈哈哈！」

十六歲前認識的是真朋友

我們都過了廿五歲一萬多日，朋友很多，但只有從十六歲認識至今的最真。一來十六歲前的人，對友情的看法比較單純；二來那時大家都沒有利用價值，純真友情，肝膽相照。一個菠蘿包，一人一半又何妨？但當大家都有成就、有衝突，和不同的利益關係，就算賺了十億元，一人分六億一人分四億，仍可能分不勻不高興。

而且十六歲以後，我們看到彼此的生命歷程，更深刻地互相認識，可以做真真正正的朋友。

用黃杏秀（陳百祥太太）的說法，校長是我大婆，她才是妾侍，她說我關顧阿倫比她還多。我的說法是，他是我最好的男性朋友，而男人也可以妒忌。他明明知道我喜歡黑白色，某次竟然把身上穿的黑白皮褸送給快要離去的台灣朋友，你說我是不是該妒忌？（那是很多年前的舊事，譚詠麟記得，陳百祥那趟妒忌得在的士高哭出兩行眼淚。）最後他只能買另一件送我。至於那台灣朋友，現在都不知到哪裡去了，嘿！

忍得了我是超人

我最欣賞他的容忍度,如果是我的話,就不會跟我自己做朋友了。我黑白太分明,而且容易發脾氣,一天到晚得罪人。 看到不順眼的,管你是誰都要令你難堪。他接受了我最無理取鬧的部分。不過我當然覺得自己有理,因為我比很多人聰明,看到別人看不到的事。

我差不多天天激惱他。我常常批評他的球技,偏偏他最喜歡足球兼且老爸是球王,你說他怎能接受?他連這個都忍得了,是超人。

至於我們之間的深刻事情大家都知道了。廿五歲那年我宣佈破產,出事前我比阿倫有錢得多,已經有五、六部車幾千萬元身家了,而他還是玩音樂的靚仔,月賺千餘元,儲了幾萬元做首期,準備一家人從健康村搬到私人樓。那時我不知道這些,只知道他是我的老友,借錢不找他找誰?沒想過要他們傾囊相授。當時我太年輕,或者有點少年得志。我直接上他家問,而他直接拿錢出來借我,連想都不想。

他的媽咪很無奈,但可以怎樣?她追出來說:「阿祥,這是我們第一個首期,你真的要還呀!」我答應兩星期還,還好做得到。所以我至今依然很疼 Auntie,年年生日會想想送甚麼心意,我也把他的老爸當成我老爸,因為我爸自我四歲起便沒看我們了。

譚詠麟與陳百祥見證著彼此的生命歷程,共同進退、肝膽相照。

我們幾十年朋友,差不多在每件事情上共同進退,肝膽相照的事太多,你揹我我揹你也幾十次了。

我有敵人他沒有

我對人是這樣的,要不當人家一世朋友,要不當他是一世敵人,清清楚楚。人生在世,我不要花時間慢慢去想中間的人究竟對我真好還是假好。我亦覺得沒必要奉承別人,除非我喜歡你。

至於譚詠麟在圈中有沒有敵人?我覺得沒有,即使張國榮也不是。他很疼張國榮的,只是兩派歌迷不妥對方而已。我曾經在傳媒說過一些撐譚詠麟的話,也把張國榮損了。張國榮在訪問中說自己很痛心,因他沒得罪過我。其實我不想傷害他,我們一起拍過很多戲,也是朋友,只是兩派鬥得激烈,我不能做牆頭草兩面討好。那兩個人一個是拍戲時認識的,一個像親兄弟,這結果必然出現,沒甚麼好說。但這當然不是阿倫的意願,只是我自己那樣認為。

陳百祥：譚詠麟在圈中沒敵人，即使張國榮也不是。

很多年後大家都退了下來，我和阿倫上他家，三個人互相對望，飲杯茶吃個包。他還把家裡的錦鯉送給我，只是我猜不到他送完錦鯉後，自己都不在了。

除了圓的東西外他都贏了

除球技外，阿倫這人太完美。

我從小到大和他爭拗，老實說唯一可以攻擊阿倫的，是球技。我只有圓形的東西贏他，其他全輸掉。連他年輕時讀不成書，兒子長大也成為會考狀元入讀牛津大學。他天生是贏的性格。

這樣很難：一個人年紀輕輕便那麼有成就，得到很多名和利，依然沒變得像土豪暴發戶那樣，謙厚包容不虛偽，而且願意排除萬難解決紛爭。我不知道他活得開不開心，但我覺得他挺開心的。雖然我還是覺得自己的方法比較簡單——我身邊的人辛苦得多，我自己則開心得多。所以我和阿倫是完全不同的人。

娛樂圈帶給阿倫名與利，他也帶了很多精彩多元的東西給娛樂圈。至於我，常常要在台下聽他唱三小時的演唱會，還是陪人家去的。你說我是不是也含辛茹苦？而我一直認為自己唱歌比他好的嘛！

笑佛、大娛樂家、人生學者
——劉德華

著名演員兼歌手，九十年代本港樂壇「四大天王」之一。曾經與譚詠麟同屬藝能娛樂旗下，後自組公司以投資人身份參與電影製作。在譚詠麟眼中，他是除自己外，圈中最勤力的演藝人。

我真正認識校長，是在一九八三年香港小姐競選決賽上。那時我們一起參與壓軸演出，還有蔣麗萍、關正傑、威利等。那是《神鵰俠侶》播出前，TVB 想藉著這場演出捧我，我非常感恩，想不到有那麼多頂級歌星願意支持。那時我就覺得，校長很樂意提攜身邊的人。

在那場表演，我的角色要為族人爭取福利，跟反派威利惡鬥。校長演雷神，我最記得他那句「雷神狂笑天也狂」。故事安排他最後被我感動，所以從天而降，把兩支令旗交託給我。因為吊威吔，那節片段要預先錄影，待節目出街時緊接現場表演播給家庭觀眾收看。至於在現場的舞台上，校長不用飛，只需要步出台前交出令旗便可以了。

沒有令旗的傳承

我不知道是否因為有預先錄影，所以工作人員鬆懈了，總之校長在出台前原本該收到的兩支令旗，結果沒有人交給他，而他已經要站出來面向觀眾了。只聽到他大聲喝道：「旗呢？」而後台也竟然有人回喊：「無呀！」然後，在利舞台戲院的眾目睽睽下，他兩手空空，淡淡定地走到我面

左麟右李與劉德華於演唱會上合唱，分享合作
點滴。

前——握手。

「嗯，我把力量交給你了，恭喜。」他握得很有力，説得也用力。

那時我是新人，害怕得雙腳發軟，心想，大佬這是我第一個大騷，以後會
否再沒機會？原本我該拿著令旗跳舞，但後來手中只有空氣，唯有「翕翕
挾挾」亂舞一番。然而，這時的校長依然一副欣然模樣，毫無怨氣。説實
在，現場觀眾也不會知道現場出錯。

認真工作同時不為難別人

為甚麼我出道至今，一直認真工作，同時亦不會令合作的人難受？其實是
校長教我的。這並不容易，但他懂得原諒和包容。校長説，現場表演和生
命一樣，沒有人能預知下一步會行到哪兒，所以不必介意人家怎樣看。原
本是一百分的，你做到九十九分也無妨，因為觀眾不會知道你那一分的標
準是甚麼。

在圈中，我覺得自己還算努力，但他始終……比我年長幾歲（笑），去到他那年紀，我不知道自己能否仍然那樣堅持。所以我佩服校長有這麼大的熱誠，不落人後。雖然我們都知道他的生命裡有很多波折，譬如感情生活和家庭等，但他仍然是個笑佛，那種開心太容易感染人，這麼多年給我們很多動力。我常常訝異他是怎樣做到的。

潤滑娛樂圈的人生學者

他是一個深諳娛樂之道的大娛樂家。至於沒有巨星架子？卻也不然……應該說校長是有架子的，他會讓你知道自己真的比你大，但他的架子會令你感覺舒服。他行出來是有分量的，每一件事都恰如其分。但他同時會在你身邊製造很多台階，讓你一步一步的走近，不會遙不可及。

在娛樂圈的鬥爭裡，我覺得他有一種很厲害但又溫和的作用，像潤滑劑或中和劑那樣，令樂壇充滿趣味和喜悅，令娛樂圈的混濁和緊張顯得平和。和他合作從不需要緊張，我未見過有人緊張。

我覺得他像個很好的哥哥，我們一起經歷很多，一起拍過戲，一起講過很多笑話，又一起闖過禍。遇困難時，他提供的不是安慰，而是方向指引。（詳見第七章）他的話不多，而我總是聽，把每一個字深刻記在心裡。這跟校長在熒幕上的搞笑形象有點不同，當然他不嚴肅，但他似說書人，一個人生的學者。

真心豁達的 A 貨老豆
——李克勤

著名歌手兼演員，多次獲得「最受歡迎男歌星」獎項，譚詠麟曾在訪問中欽點為「接班人」。自二〇〇三年與譚詠麟組成「左麟右李」後，巡迴各地進行了過百場演出。

完騷前的那個眼神

很多人或以為，我對校長最深刻的畫面，是他頒發「最受歡迎男歌星」獎給我的時候，但我想了好幾天，覺得其實是每次差不多完騷的一刻——已經來到最後一次 encore 了，現場氣氛熱烈，所有觀眾都站了起來，沒有人捨得離開……在這個當兒，我和校長交流的那個眼神，最是深刻，因為我們在分享一個共同經驗。

我做過很多演唱會，通常只有自己享受那個時刻，但其實你很想有人和你一起分享。然而，那人若不是與你一起站台上，他是無法領略的。那個場面不一定需要眼泛淚光，但是大家都感到快樂。這麼多歌迷，這麼多人喜歡我們的歌，這麼多人喜歡我們。

每次來到「左麟右李演唱會」最後一場，這種感覺最強烈。因為不知道還有沒有下次，這會不會是最後的呢？很不捨。

學得最多是豁達

在圈中多年，我學會了很多，包括音樂上的、技巧上的東西，但學得最多的卻是「豁達」。這兩個字說得輕巧，行之艱難，是個人修為。不是說，你做了些事情令人覺得你很豁達，而是你在心中是否真的那樣想。做到就贏了。

至今我身邊把「豁達」做得最好的人，是譚詠麟，所以他是開心快活人。

譬如，為甚麼大家喊他校長？這不單純因為某年暑假演唱會為他設定的「譚校長」角色。這稱呼一直延續到現在，是出於大家的尊重。因為不計較，所以他才把學到的、懂得的與你分享。他對我傾囊相授，但不單是我，他對很多後輩亦如是。你肯聽，他便教。這是他的無私。

再舉個簡單例子，譬如他到餐廳吃飯，東主邀他拍照掛門前，想展示「譚詠麟也覺得這家餐廳好吃」的效果。坦白說，相信連我在內的很多藝人，都難免會想這樣被人利用，會不會不划算，也很誤導？但校長覺得沒關係，

李克勤：別人說「別搞我了」，他說「試試看！」

橫豎那間餐廳不會上市，我幫得就幫。

這些事情很細微，但我從細微處學得最多。當然，他不計較不代表甚麼也沒所謂，校長的鬥心任何時候都在。例如我們在演唱會中跳舞、練成肌肉男上台，其實都不是我們的專長，也跟票房無關，但是他不介意做。要是換上另一個差不多年紀年資的人，他大概會説：「別搞我了。」可是譚詠麟會説：「試試看！」

簡東拿 VS. 史高斯

開始時很多朋友覺得李克勤像譚詠麟，其實我們是很不同的人。愈合作得多，便愈知道我們是兩個極端。他喜歡很多朋友，連一分鐘都靜不下來，爛玩愛熱鬧；可是我好靜。他喜歡發號施令，是天生的領袖；可是我喜歡做自己的事，你最好不要來煩我。如果是曼聯，他是隊長簡東拿，我是史高斯。你要是給我做隊長我也不想要，你去做吧！

他有一個特質，就是會令身邊的人快樂。我做騷時，一完成就離開工作範

圍,甚至連工作上的朋友都可能不見。我覺得工作是打仗,打仗時不須理會大家的感情。但他會照顧團隊裡的每一個人,關心他們開心不開心。譬如說,做完騷要不要一起去吃消夜?他的頑童指數比我高得多,但很少作弄我,因為我個性嚴肅,他覺得不好玩。

他應該是那種很關心學生的校長,天天站在校門前,迎接學生回來噓寒問暖,而且還記得所有學生的名字。無論高高低低,他都可以成為朋友。這些我學會了七、八成。

關係裡的變與不變

從一開始我們是偶像和歌迷,然後是公司同事,慢慢走近成為朋友,再成為舞台拍檔。即使只算上最後一項,從二〇〇三至二〇一四年間已經很不同。去年「左麟右李十週年演唱會」,我第一次感到他放心把演唱會交託給我,像在說:「嗯,我不用這樣操勞了,你能承擔。」我很開心。

我們在各地已經演出了過百場,但他在心態上始終覺得我是小朋友或中朋友。他很照顧我,說的不僅是技術和票房而已,還包含很多難以描述的感受。當然,這些年來我在舞台處理上,給了他更大的信心,而且他也看到我在各方面都變得比較成熟。況且我們的默契已來到不用多言的地步。

和校長合作,也令我改變了很多。從前我是個吹毛求疵的人,做自己的演

唱會時很緊張，都不會笑，完場馬上回家看回影片直到凌晨三、四點，要是看到走音走錯位便很不開心。至於他，做完事情就不管，「這些（蝦碌）一定有的了，明天做好一點便成！」「左麟右李」有趣的地方是，有時我會對他說：「喂，這個要收緊一點。」有時他跟我說：「喂，這裡要放鬆一些。」拉緊和放鬆的力量互相較勁，但是我們把中間的尺度把握得很好。也正因如此，我們互補長短。

拍檔的最高境界

「左麟右李演唱會」第一次開騷前，他對我說：「喂，如果你覺得做甚麼，可以令你在表演中更光更搶，別管我，你去做。」這是拍檔關係的最高境界。

一個組合來到最後會分，甚至吵架收場，往往是因為怕被對方搶了甚麼——你比我多唱兩首歌、你的衣服比較漂亮、為甚麼你有升降台而我沒有？當你一想到這些，關係就不長久。但我和校長已經像家人，你不會和家人計較這些。

其實我結婚時他坐主家席，是「Ａ貨老豆」。當你和爸爸一起做事的時候，他會不會覺得自己蝕底？不會的。又或者，你會不會覺得自己虧了給爸爸？不會。

這也是我覺得「左麟右李演唱會」最特別的地方——我們的感情關係是真

的，不是隨便拼湊幾個人來掙錢而已。

每當風來　你幫我擋

在十週年的演唱會上，我們想互相送一首歌給對方。我想來想去找不到合
適的，總覺得不夠貼切，不如寫一首嚇嚇他！我用了一星期認真地寫詞，
想把它當成禮物，又想像那一刻大家聽到很驚訝的樣子——我是有計算的，
但那次的效果超出我預算。他很驚訝，也哭得挺厲害，雖然他那天戴了墨
鏡，可是我在台上都看見了。

曾經　你是我的偶像

房間　貼著你的靚相

天邊　一顆小星星我在唱

還留了演唱會門票一張

回想　十年前的晚上

和你　實現了我的夢想

天邊一顆小星星與幻影

金曲一首首跟你合唱

每當風來　你幫我擋

叫我怎可　使你失望

歌可以淡忘　詞可以淡忘

你我在心中　不需要講

如今　見著老師轉換

而你　仍努力去當校長

永遠　你是大家的偶像

即使　一天天 size 有點膨脹

永遠　你是大家的偶像

今天　捨不得　不知哪天能再唱

歌詞裡我盡量不修飾字眼，只是直接淺白地寫出大家的感情，不轉彎抹角。

之前常聽人説，我是他的接班人，但其實他從未下班，我又怎樣接班呢？他老覺得自己太早説了接班人的話，令我有無形壓力，連累了我，要不然我該更早拿到「最受歡迎男歌星」這個獎。但我不這樣想。如果我很喜歡碧咸，碧咸説我踢球踢得好，我是應該開心的。他不須自責，也不須要顧慮那麼多。

他是那種，無論在台上抑或台下，要是有人拿刀來砍你，他一定會拿盾牌來替你擋的人。他絕對會這樣做。

藏在心中多年的一件小事
——陳慧嫻

著名歌手，於九十年代事業高峰期，暫退歌壇赴美深造，經歷數次短休復出，於二〇一四年重返紅館舉辦演唱會，邀譚詠麟為座上客。

那是九十年代的某天，校長的助手在下午四時許打電話來我家，說他們在內地上一個直播節目，大約七時會找朋友做簡單訪問兼玩遊戲，校長想打給我。我剛讀完書回來，《傻女》和《夜機》等歌曲在內地播得不差，他可能想幫我多曝光。但我有些猶疑，因為當年自己的國語很差勁。然而想到那是校長，而我那時又是細路女不懂反應，便勉為其難答應了。

迴避校長來電

電話掛線後我變得緊張，覺得自己一定會出醜。最後我做了一個幼稚的決定：逃離這件事。我乾脆出門逛街，不再理會電話會不會響，也不想知道接下來會發生甚麼事。那時我沒手提電話，他們只能打到家裡來。

那天晚上，我吃完飯才回家，之後沒有人找，後來也沒有人罵我。雖然我知道校長朋友多，一定能找到別人頂替，但我卻一直把放了他飛機（爽約）這事放在心上。能令我內疚的事情不多，但這事讓我牢記良久。

我是不吐不快的人，但也很怕醜，又不太懂得表達內心感受。直至數年前

譚詠麟專誠來看陳慧嫻的演唱會，並即場教大家
減「拜拜肉」。

某次大騷後的慶功宴，我帶點醉意，終於向校長正式道歉。我記得自己不斷說英文，不是因為緊張，而是好像沒那麼肉麻，而且醉中說英文原來特別流暢。校長莫名其妙地問：「有那樣的事情嗎？」他渾忘了，但我總算說了出來，心中抑壓多年的鬱結也就解開。很多人在旁邊聽我邊說邊哭，記得陳友望著我說：「呀，你好得意喎。」秋霞（陳秋霞）也在，她說：「你真是傻女來的。」

而校長不停說：「不要緊不要緊不要緊」，他反過來安慰我不要哭。

前輩和後輩間的那條線

其實我小時候已經看《溫拿狂想曲》（電視節目），很喜歡聽他們唱英文歌。中學時，校長的歌也一直在身邊，我最先喜歡上的是《相識非偶然》和《情兩牽》，因為很切合情竇初開的少女甜蜜感覺，而且旋律真的很好聽。直到今時今日，這些歌依然代表了我某個時空的青春印記。

至於真正認識校長，則在入行後的某個頒獎禮慶功宴上。我們那一代歌手

很看重前輩後輩的界線，校長對我來說是遙遠的，我不敢踰越，也不夠膽自我介紹。但他主動走過來，很友善地對我說：「你叫慧嫻？聲音蠻好聽的。」

校長跟我爸爸很熟絡，有時我感到他是看在我爸份上提攜我。這麼多年了，我都叫他校長。「校長」稱號出現前，我試過偷偷跟人家叫他「倫伯」，有次還不小心在他面前說溜嘴，然後立即掩著嘴巴⋯⋯他年年廿五歲啊（笑）。廿五歲的校長有不可思議的精力，除了不停食、喜歡影搞笑相外，到今日依然好像不用睡的，不斷坐飛機到不同地方錄音和開巡迴演唱會。我甚至覺得連克勤也不夠他那麼精力旺盛，真厲害。

WhatsApp 教路減「拜拜肉」

在我剛剛過去的演唱會，我邀他和克勤來看。電話裡，他問起我的減肥成績如何，我說身體還算瘦，只是手臂的拜拜肉無論如何減不掉。他說可以做手部運動，然後說了一堆方法。我不明白但又不敢追問，害怕阻他時間，只能虛應，但他顯然聽出來了。當晚他轉頭便託助手用 WhatsApp 傳來一段短片，錄影了他親自示範的運動動作，背景是他出埠時住的酒店房間。他叮囑我千萬不要流出短片，我當然沒有，但後來在演唱會上說出這事。那次他從觀眾席上站起來，當場教大家怎樣減拜拜肉。

我覺得他真心關顧後輩，尤其是肯努力的後輩。他有時也會教訓，但他愛用笑著說的形式，看你是否領略得到。有一次，他在我發出的微博留下一

句話：「傻女，一路求變一路進步，值得鼓勵。」

我想告訴校長，謝謝您的支持，我的內心全部收到，會努力的。雖然我已經四十九歲了，但仍然希望接下來在樂壇的時光，只不過是下半場球賽的開始而已。

我怕他、也愛觀察他
——關楚耀

歌手兼演員，也是關維麟的兒子、譚
詠麟的契仔。

我怕他、也愛觀察他

我很怕他的。我向每一個人說我怕他時，人人都會忍不住笑，因為他人很
好。但是他是我從小的偶像。對一個人仔來說，見到偶像是又敬又畏的，
即使這一刻見到他，我依然……有點怕。

因為爹哋的關係，我從前常常在家裡聽到校長的歌，去錄音室找爹哋時也
會看到他。我們每年一定到他家裡拜年，他也會來我家吃飯。我記得他最
喜歡吃大閘蟹，一邊拆蟹砌蟹一邊分享理論，好像蟹裡頭藏了很多人生道
理似的，很厲害。所以我從小培養了吃大閘蟹的習慣。

我們也曾一起去日本滑雪。他有一種魅力，常常成為焦點，把大家的注意
力都吸引過去，無論他講甚麼，大家都覺得是好的。吃飯時，常常是小朋
友一枱，大人坐一枱。我發現他真的很喜歡笑，而且一定是笑得最大聲的。

對，小時候我非常留意契爺，常常忍不住暗暗觀察他。

譚詠麟與小時候的關楚耀

契爺送我的金鐘罩

我不太喜歡説話，他説像我爹哋。爹哋做幕後，很多時候只有和校長合作時才多説話。但校長説我不能像他那樣，因為我在幕前工作。

入娛樂圈前他對我説，你以後要像戴了一個金鐘罩那樣，外面的人稱讚你批評你的話，都要想像在罩裡面「沙」的一聲撒開。很多事情都是虛無的，在金鐘罩裡只需做好本分，總會有人看到而欣賞你。那次他真的送了一個金鐘罩給我。

那時我初入行，領略不到他的話。到了第四、五年左右，才慢慢感應得到。做好本分，就是那樣簡單。

爹哋常常説，契爺真是笑看風雲的人，他們兩個從低做起，一起捱了很多。爹哋説，那時的譚詠麟和現在一模一樣，那是真性情。

一首歌一個故事

契爺從沒罵我，但我老覺得他對其他人比較寬容，見到我卻……「幾好」、「OK」，或者「你不能這樣」。我不知怎樣形容，總之他是契爺。

校長很少讚我的，但有一次，他讚了。那是一個以譚詠麟金曲為主題的電視節目，校長就在現場，我選唱《一首歌一個故事》。我一直對這歌很有感覺，等了這個機會很久，終於可以為他唱了。演出前我們在後台碰面，我已經怕得要緊，他卻還這樣說：「這首歌很難唱、很高音的，你得唔得㗎？」

他真的問我「得唔得」（笑）……我已經很大壓力了，別這樣，但口裡還是對他說：「得，一定得。」難道說「唔得」?! 最後唱完，他在後台對我說：「唔，OK，幾好幾好。」那已經是讚了，我很記得那一刻的喜悅。

入行前，我和同學在卡拉 OK 苦練他的歌，練了很多年。我們會播「左麟右李演唱會」的影碟，唱的時候要關上屏幕不准看字幕，甚至連（演唱會上的）對白都要校準位置來說，很「激」。

但最好笑的，是我從來演的都是李克勤，而不是校長。我真的做不到他，他的唱腔我聽了三十年，但我依然做不到他。可是我模仿他的好拍檔克勤很到家，像真度有九成五。

害契爺丟臉了

二〇〇九年在日本出事後，我感到他原來真的很關心我，雖然他從不多講。（詳見第七章）

那次我在拘留所住了個多月，想了很多從前沒想過的事——校長是其一。我知道他錫我，但那幾年除了工作我們很少接觸，他又那麼忙，會不會已經把我忘掉？其實我最大的遺憾是，我害他丟臉了。害家人丟臉當然不開心，但以契爺在樂壇的地位，他的契仔做出這樣的錯事，很醜。我一直在想，出來時該怎樣面對家人和群眾，但我最掙扎的，其實是怎樣面對契爺。

我離開拘留所那天，爸爸媽媽來接我，我第一通電話打給伯父（泰迪羅賓）；第二通打給契爺。我們談得不多，因為我已經哭了。我聽得出他是高興的，他說：「最重要是現在安全了，所有事情回香港慢慢再拆。」那一刻我的心定了一點，至少契爺沒忘記我。

成功需苦幹

第二年，校長叫我到他的演唱會亮相，我很緊張。那是出事後第一次上台見人，還是那樣大的場面。在台上我很感動，感激契爺重新接納我。他與我合唱《成功需苦幹》，說講甚麼都沒用，行動最實際。對我來說，那是一個小小的測驗，我想我屬於僅僅合格的那種。

小時候，覺得契爺是偶像，又崇拜又敬畏，這幾年想得比較深入，才看到他一直都在我背後看守。沒事時他不在身邊，到我遇上某些事情，他會突然出現。

這個樂壇再沒可能有第二個譚詠麟的了，他的精神、拼勁和樂天個性，都是很深刻的。我想透過這本書對校長說，成功需苦幹，我明白了。

01

02

03

04

05

06

07

08

09

10

11

12

13

14

15

16

17

18

19

20

唱片概覽

	年份	種類	唱片
01	1979	廣東唱片	《反斗星》
02	1979	廣東唱片	《愛到你發狂》
03	1980	廣東唱片	《阿倫之歌》
04	1980	國語唱片	《彈起來！唱起來！尋找》
05	1981	廣東唱片	《忘不了您》
06	1981	國語唱片	《你的凝望》
07	1981	廣東唱片	《阿倫專集》
08	1982	廣東唱片	《愛人·女神》
09	1982	廣東唱片	《精裝譚詠麟》
10	1983	廣東唱片	《春…遲來的春天》
11	1984	廣東唱片	《霧之戀》
12	1984	廣東唱片	《愛的根源》
13	1984	日語唱片	《夏日寒風》
14	1984	演唱會現場錄音唱片	《譚詠麟 84 演唱會》
15	1984	日語細碟	《夏日寒風·酒干倘賣無》
16	1985	廣東唱片	《愛情陷阱》
17	1985	英語細碟	《Love Trap》
18	1985	廣東唱片	《暴風女神 Lorelei》
19	1986	英語細碟	《Lorelei/ Friend of Mine》
20	1986	廣東唱片	《第一滴淚》

編者按：在過去四十年間，譚詠麟所推出的唱片、舉行的演唱會、演出的電影及獲得的獎項、榮譽不計其數，難以盡錄，故列表中只列出歷年部份資料作概覽。

■ 圖片從缺

21 22 23 24 25
26 27 28 29 30
31 32 33 34 35
36 37 38 39 40

	年份	種類	唱片
21	1986	演唱會現場錄音唱片	《譚詠麟 86 萬眾狂歡演唱會》
22	1986	英語唱片	《Thunder Arm》
23	1986	日語 + 英語唱片	《FANTASY》
24	1986	日語細碟	《ファンタシー（魔界天使主題曲）》
25	1987	廣東唱片	《牆上的肖像》
26	1987	廣東唱片	《最佳 12"》
27	1987	日語 + 英語唱片	《HELLO！SOLITUDE》
28	1987	日語 + 英語細碟	《ジンで醉わせて》
29	1987	廣東唱片	《再見吧 !? 浪漫》
30	1987	演唱會現場錄音唱片	《譚詠麟 87 演唱會》
31	1988	廣東唱片	《迷惑》
32	1988	國語 + 英語唱片	《半夢半醒之間》
33	1988	日語 + 英語細碟	《はなさないで》
34	1988	廣東唱片	《擁抱》
35	1988	國語 + 英語唱片	《心手相連》
36	1988	廣東唱片	《浪漫經典》
37	1988	廣東唱片	《萬能的妳·偏愛》
38	1989	廣東唱片	《愛念》
39	1989	廣東唱片	《繼續浪漫》
40	1989	廣東唱片	《忘情都市》

41 42 43 44 45

46 47 48 49 50

51 52 53 54 55

56 57 58 59 60

	年份	種類	唱片
41	1989	國語唱片	《像我這樣的朋友》
42	1989	演唱會現場錄音唱片	《譚詠麟浪漫演唱會89》
43	1990	廣東唱片	《夢幻舞台》
44	1990	國語唱片	《難捨難分》
45	1990	廣東唱片	《世外桃源》
46	1990	國語 + 英語唱片	《我真的和他們不同》
47	1991	廣東唱片	《神話 1991》
48	1991	國語唱片	《不滅的愛》
49	1991	廣東細碟	《迷情》
50	1991	廣東唱片	《浪漫經典第二輯》
51	1991	演唱會現場錄音唱片	《夢幻柔情演唱會》
52	1992	廣東唱片	《情人》
53	1992	國語唱片	《讓愛繼續》
54	1992	廣東唱片	《愛情故事》
55	1992	廣東唱片	《我的生命我的愛》
56	1993	廣東唱片	《情心義膽》
57	1993	廣東唱片	《笑看人生》
58	1993	韓語 + 英語唱片	《MY LOVE》
59	1994	廣東唱片	《夢幻的笑容》
60	1994	廣東唱片	《譚詠麟創作集》

61

62

63

64

65

66

67

68

69

70

71

72

73

74

75

76

77

78

79

80

	年份	種類	唱片
61	1994	國語唱片	《青春夢》
62	1994	演唱會現場錄音唱片	《譚詠麟大球場純金曲演唱會94》
63	1994	廣東唱片	《喜愛》
64	1995	廣東唱片	《伴我飛翔》
65	1995	廣東唱片	《實在男人》
66	1996	廣東唱片	《獨一無二》
67	1996	廣東唱片	《思前想後》
68	1997	廣東唱片	《永恆的珍》
69	1997	演唱會現場錄音唱片	《譚詠麟 97 金曲回歸演唱會》
70	1997	國語唱片	《把你藏在歌裡面·都為了愛》
71	1997	廣東唱片	《我們一起走過的日子》
72	1997	廣東唱片	《我們一起唱過的歌》
73	1998	廣東細碟	《淨化空間》
74	1998	廣東唱片	《在乎》
75	1998	廣東唱片	《飛馬》
76	1999	廣東 + 國語細碟	《天地人》
77	1999	廣東唱片	《無限…感激》
78	2000	廣東唱片	《自選角度》
79	2000	演唱會現場錄音唱片	《譚詠麟魅力千禧演唱會》
80	2001	廣東唱片	《愛自己》

81   82   83   84   85

86   87   88   89   90

91   92   93   94   95

96   97   98   99   100

年份	種類	唱片
81	2001	廣東唱片	《非一般的譚詠麟》
82	2001	演唱會現場錄音唱片	《譚詠麟飛一般演唱會》
83	2002	演唱會現場錄音唱片	《港樂 · AlanLive2002》
84	2003	廣東唱片	《不一樣的譚詠麟首部曲》
85	2003	廣東唱片	《不一樣的譚詠麟二部曲》
86	2004	廣東 + 國語唱片	《天 · 地》
87	2004	廣東唱片 （譚詠麟＋李克勤）	《左麟右李》
88	2005	廣東唱片	《星光大道》
89	2005	演唱會現場錄音唱片	《歌者戀歌濃情 30 年演唱會 2005》
90	2006	廣東唱片	《ALAN 聽》
91	2007	國語唱片	《最愛笑的人》
92	2008	廣東唱片	《愛的根源 The Best Sound Ever Reborn》
93	2008	廣東 + 國語唱片	《不一樣的譚詠麟（完全篇）》
94	2009	廣東唱片	《Mr. Tam 再度感動》
95	2010	廣東 + 國語唱片	《ALAN TAM X MR. ROLLING POWER 滾軸力量》
96	2010	演唱會現場錄音唱片	《2010 再度感動演唱會》
97	2012	廣東唱片	《一點光 Shine A Light》
98	2012	廣東唱片 （譚詠麟＋杜麗莎）	《Time After Time Duet Album》
99	2013	廣東唱片 （譚詠麟＋李克勤）	《男人的歌》
100	2013	廣東唱片	《708090 後》

01

02

03

04

05

06

07

08

09

10

演唱會概覽

	年份	月份	演唱會	場地
■	1980	1 月	譚詠麟 80 勁歌無敵士之夜	香港大會堂、荃灣大會堂
■	1981	6 月	Alan 譚詠麟巡迴音樂會	香港大會堂
■	1981	12 月	譚詠麟 81 演唱會	香港灣仔伊利沙伯體育館
■	1982	12 月	譚詠麟金曲演唱會	香港政府大球場
01	1983	9 月	溫拿五虎十週年紀念演唱會	香港體育館
02	1984	8 月	譚詠麟 84 演唱會	香港體育館
03	1985	7 月	譚詠麟超白金演唱會	香港體育館
04	1986	8 月	譚詠麟萬眾狂歡演唱會	香港體育館
05	1987	7 月	譚詠麟演唱會 87 與你情不變	香港體育館
06	1988	9 月	溫拿一樣出色演唱會	香港體育館
07	1989	4 月	譚詠麟好友慈善演唱會	香港體育館
08	1989	7 月	彩色浪漫譚詠麟演唱會	香港體育館
09	1989	8 月	濃情浪漫譚詠麟演唱會	香港體育館
10	1989	9 月	再續浪漫譚詠麟演唱會	香港體育館

11

12

13

14

15

16

17

	年份	月份	演唱會	場地
■	1990	4 月	譚詠麟與你相約在 90 迷你音樂會	高山劇場
11	1991	7 月	變幻迷情譚詠麟演唱會	香港體育館
12	1991	8 月	夢幻柔情譚詠麟演唱會	香港體育館
13	1993	5 月	開開心心二十年·溫拿紀念演唱會	香港體育館
14	1994	4 月	譚詠麟 94 純金曲演唱會 Part 1	香港大球場
■	1994	5 月	譚詠麟 94 純金曲演唱會 Part 2	香港體育館
15	1997	2 月	譚詠麟 97 金曲回歸演唱會	香港體育館
16	1998	8 月	溫拿廿五年自然關係演唱會	香港體育館
■	1998	12 月	溫拿 Encore 演唱會	香港體育館
17	2000	2 月	譚詠麟魅力千禧演唱會	香港體育館

18   19   20   21

22   23   24

25   26   27   28

	年份	月份	演唱會	場地
18	2001	8 月	譚詠麟飛一般演唱會	香港會議展覽中心
■	2002	2 月	港樂·AlanLive 2002	香港體育館
19	2003	2 月	左麟右李演唱會 2003	香港體育館
20	2003	4 月	左麟右李演唱會 2003 Part 2	香港體育館
21	2004	1 月	左麟右李 04 開心演唱會	香港體育館
22	2005	8 月、9 月	譚詠麟歌者戀歌濃情 30 年演唱會	香港體育館
23	2007	2 月、3 月	溫拿 33 好時光演唱會	香港體育館
24	2009	2 月	香港 2009 東亞運動會 左麟右李演唱會	香港體育館
25	2010	7 月	譚詠麟 2010 再度感動演唱會	香港體育館
26	2011	2 月	溫拿 38 大躍進演唱會	香港體育館
27	2012	7 月	譚詠麟、杜麗莎 Time After Time 演唱會	香港體育館
28	2013	12 月	左麟右李十週年演唱會 ——香港有聲音	香港體育館

電影概覽

年份	影片
1975	《大家樂》
1976	《溫拿與教叔》
1978	《追趕跑跳碰》
	◇ **1979-1982 於台灣發展其演藝事業**
1979	《誤我青春三十年》 《忘憂草》 《花伴舞春風》 《天生一對》
1980	《戀愛反斗星》 《鬼馬五福星》 《學生哥》 《東追西趕跑跳碰》
1981	《假如我是真的》 《佻皮俏冤家》 《錯體情》 《歡喜冤家》
1982	《愛人女神》 《神勇女煞星》 《冷眼殺機》 《凶劫》 《百分滿點》 《難兄難弟》 《小生怕怕》
1983	《少爺威威》 《陰陽錯》

年份	影片
1984	《君子好逑》 《多情種》
1985	《恭喜發財》 《花仔多情》 《四眼仔》
1986	《兩公婆八條心》 《八喜臨門》 《歌者戀歌》 《最佳福星》
1987	《龍兄虎弟》 《江湖情》 《用愛捉伊人》
1988	《愛的逃兵》 《龍之家族》
1989	《至尊無上》 《小小小警察》
1990	《至尊計狀元才》 《脂粉雙雄》 《富貴兵團》
1991	《驚天十二小時》 《雙城故事》 《豪門夜宴》
1992	《黃飛鴻笑傳》

年份	影片
1993	《黃飛鴻對黃飛鴻》 《廣東五虎之鐵拳無敵孫中山》
1996	《嫲嫲·帆帆》 《運財至叻星》
1997	《最佳拍檔之醉街拍檔》
2003	《大丈夫》
2006	《左麟右李之我愛醫家人》
2010	《財神到》
2011	《與時尚同居》 《英雄喋血》 《東成西就 2011》
2012	《起勢搖滾》
2013	《2013 我愛香港恭囍發財》

獎項及榮譽概覽

年份	主辦機構	獎項	得獎歌曲／唱片
1976	華僑日報	十大歌星	
1977	華僑日報	十大歌星	
1978	華僑日報	十大歌星	
1979	國際唱片業協會（香港會） 金唱片頒獎典禮	金唱片	《反斗星》
1980	商業電台 第一屆（1979 年度）中文歌曲擂台獎		《孩兒》
1981	商業電台 第二屆（1980 年度）中文歌曲擂台獎		《莫說愛情重》
1981	第十八屆台灣金馬獎頒獎典禮	最佳男主角	《假如我是真的》
1982	商業電台 第三屆（1981 年度）中文歌曲擂台獎		《忘不了您》
1982	香港電台 第四屆（1981 年度）十大中文金曲 頒獎音樂會	十大中文金曲	《想將來》
1982	國際唱片業協會（香港會） 金唱片頒獎典禮	白金唱片	《忘不了您》
1983	商業電台 第四屆（1982 年度）中文歌曲擂台獎		《愛人·女神》
1983	香港電台 第五屆（1982 年度）十大中文金曲 頒獎音樂會	十大中文金曲	《雨絲·情愁》
1983	國際唱片業協會（香港會） 金唱片頒獎典禮	白金唱片	《愛人·女神》 《精裝譚詠麟》

年份	主辦機構	獎項	得獎歌曲／唱片
1984	商業電台 第五屆（1983 年度）中文歌曲擂台獎		《遲來的春天》
1984	無綫電視 1983 年度十大勁歌金曲頒獎典禮	十大勁歌金曲	《遲來的春天》
1984	香港電台 第六屆（1983 年度）十大中文金曲 頒獎音樂會	十大中文金曲	《遲來的春天》
1984	國際唱片業協會（香港會） 金唱片頒獎典禮	白金唱片	《霧之戀》 《遲來的春天》
1985	商業電台 第六屆（1984 年度）中文歌曲擂台獎		《霧之戀》
1985	無綫電視 1984 年度十大勁歌金曲頒獎典禮	十大勁歌金曲 金曲金獎 最受歡迎男歌星	《幻影》 《愛的根源》 《愛在深秋》 《愛在深秋》
1985	香港電台 第七屆（1984 年度）十大中文金曲 頒獎音樂會	十大中文金曲	《愛的根源》 《愛在深秋》
1985	國際唱片業協會（香港會） 金唱片頒獎典禮	白金唱片	《愛的根源》 《愛情陷阱》 《譚詠麟 84 演唱會》
1986	商業電台 第七屆（1985 年度）中文歌曲擂台獎		《愛情陷阱》

年份	主辦機構	獎項	得獎歌曲／唱片
1986	無綫電視 1985 年度十大勁歌金曲頒獎典禮	十大勁歌金曲 金曲金獎 最受歡迎男歌星	《雨夜的浪漫》 《暴風女神 Lorelei》 《愛情陷阱》 《愛情陷阱》
1986	香港電台 第八屆（1985 年度）十大中文金曲 頒獎音樂會	十大中文金曲 IFPI 大獎	《愛情陷阱》 《雨夜的浪漫》
1987	商業電台 第八屆（1986 年度）中文歌曲擂台獎	 全年最佳歌星	《暴風女神 Lorelei》
1987	無綫電視 1986 年度十大勁歌金曲頒獎典禮	十大勁歌金曲 最受歡迎男歌星	《無言感激》 《朋友》
1987	香港電台 第九屆（1986 年度）十大中文金曲 頒獎音樂會	十大中文金曲 最受歡迎演出中文歌曲獎 IFPI 大獎	《朋友》 《無言感激》 《愛情陷阱》
1988	無綫電視 1987 年度十大勁歌金曲頒獎典禮	十大勁歌金曲 最受歡迎男歌星	《Don't Say Goodbye》 《無邊的思憶》 《知心當玩偶》

年份	主辦機構	獎項	得獎歌曲／唱片
1988	香港電台 第十屆（1987年度）十大中文金曲 頒獎音樂會	十大中文金曲 IFPI 大獎	《Don't Say Goodbye》 《知心當玩偶》
1988	國際唱片業協會（香港會） 金唱片頒獎典禮	白金唱片	《暴風女神 Lorelei》 《第一滴淚》 《譚詠麟 86 萬眾狂歡 　演唱會》 《牆上的肖像》 《再見吧 !? 浪漫》 《譚詠麟 87 演唱會》 《迷惑》
1989	香港電台 第十一屆（1988年度）十大中文金曲 頒獎音樂會	全年銷量冠軍大獎	《擁抱》
1989	國際唱片業協會（香港會） 金唱片頒獎典禮	白金唱片	《愛念》 《擁抱》 《浪漫經典》
1990	國際唱片業協會（香港會） 金唱片頒獎典禮	白金唱片	《夢幻舞台》 《忘情都市》
1992	無綫電視 1991 年度十大勁歌金曲頒獎典禮	無綫金曲銀禧榮譽	
1996	新加坡 933 電台 1995 年度醉心金曲獎	最高榮譽	

年份	主辦機構	獎項	得獎歌曲／唱片
1997	香港電台 第十九屆(1996年度)十大中文金曲 頒獎音樂會	金針獎	
1997	國際唱片業協會（香港會） 金唱片頒獎典禮	金唱片	《我們一起走過的日子》
2003	香港電台 第二十五屆（2002年度）十大中文金曲 頒獎音樂會	金曲銀禧榮譽大獎	
2007	無綫電視 2006年度十大勁歌金曲頒獎典禮	勁歌金曲25週年榮譽 金曲獎	《愛情陷阱》
2007	香港作曲家及作詞家協會（CASH） 2007 CASH 30週年晚宴 暨金帆音樂獎頒獎典禮	最高榮譽大獎「CASH 音樂成就大獎 2007」	
2008	中國香港特別行政區	榮譽勳章	
2014	國際唱片業協會（香港會） IFPI香港唱片銷量大獎 2013 頒獎典禮	特別榮譽—IFPI香港流 行音樂文化歌手大獎	

時刻影像

01 高呼有時：
　　取得金馬影帝

02 激動有時：
　　宣佈不拿獎

03 互動有時：
　　細細聲演唱會

04 感動有時：
　　克勤獻給校長的歌

引用影像資料：01 台北金馬影展、02 香港電台、03 及 04 環球唱片

鳴謝

陳秋霞小姐
林子祥先生
張文新先生
關維麟先生
張國忠先生
陳可辛先生
鄭裕玲小姐
曾志偉先生
陳百祥先生
劉德華先生
李克勤先生
陳慧嫻小姐
關楚耀先生
葉廣權先生
彭健新先生
鍾鎮濤先生
陳友先生
葉智強先生
環球唱片
香港電台

以上排名不分先後

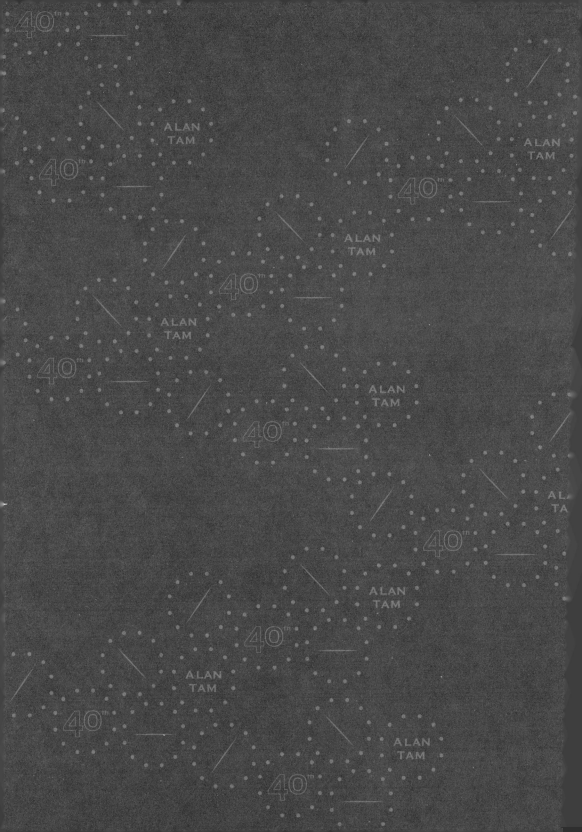